働かない技術

新井健一

日経プレミアシリーズ

プロローグ　「働かない」のにはスキルと覚悟が必要だ

先日、とある友人とばったり会った。

それはかつて巨大企業でリストラの危機に瀕して、人事コンサルタントである筆者に相談を持ちかけたエンジニア・課長だ。

その彼と3年の月日を経て再会したのである。

友人のその後について頭のどこかで気にはなっていたが、忙しさにかまけて特に連絡を取ることはしていなかった。その不義理が悔やまれ、言葉に窮した。友人の名前を呼んだまま、言葉を継げずにいた筆者に笑顔の友人はこう言ったのだ。

「今度、部長になります」

穏やかな笑顔だった。そこには以前あった、才気だったオーラのようなものはなかった。

一体、あれから3年、友人に何があったのか。

果たして、一度はリストラ寸前という憂き目にあった課長が、同じ社内で部長として選ばれることなどあるのだろうか。確かに企業人として上り詰めていく人材の多くは、どこかのタイミングで大きな苦難を経験していることが多い。だが、筆者の友人ほどキャリアの浮き沈みを経験している人材は数えるほども知らない（筆者の知る限り、バブル経済崩壊後、業績が悪化した責任をとらされて、役員から契約社員に降格させられた人物をひとり知っているくらいだ）。

そして、これから本書の一部で語る友人のその後を一般解にしてしまうのは、あまりにも乱暴すぎる。

しかしながら、「働き方改革」が叫ばれる昨今、企業人の「権利」がますます整備され、「自由」な働き方が推奨される昨今、また欧米企業の働き方や生産性の高さが称賛され、日本企業の働き方改革が迫られる昨今、であるからこそ、読者には自らの企業人としてのキャリアや可能性をここで再点検していただきたいと感じて筆をとった。

人生100年時代のキャリアを再点検するために必要なこと、それは将来予測と歴史認識、そして働き方改革の本質をどう見極めるかだと筆者は考える。

本書では、そのタイトル「働かない技術」（＝業務削減・効率化）のための考え方とともに、これからの時代に「企業人」として生きていくための心構えや、今後必要とされる「真の働く技術」を、一部、課長に昇格した2人の人材のその後をストーリー形式でたどりながら解説・提案していく。

本書で想定する読者は、特に30代後半～40代のミドル世代、働き方改革のキーマンとなる課長世代だ。

筆者は、自らの、あるいは自社の働き方について、いま最も真摯に考えるべきなのは、若手でも経営層でもなく、ミドル世代だと思っている。この世代が、働き方改革の本質を見極め、改革を正しい方向に導かなければ、日本も日本企業も凋落の一途をたどるだろう。

我々課長世代は、経営環境の激変や人生100年時代から逃れられない。だから、戦うしかないのだが、そのためには、日本と日本企業の行く末に対する「確かな目」が必要であるし、その目はやはり知識によって育まれるのだ。

本書が、日本と企業を背負う課長世代の「確かな目」を育む一助になれば幸いである。

目次

第2章 ガラパゴス化する職場

SCENE 2

第3章

ダラダラ職場が生まれる理由

社長のお出ましに管理部社員10数名がお出迎え……
一生懸命なのに業績が上がらない職場の悪弊
「挨拶もなく定時で帰る社員」を評価できるか
特定の人に仕事が一極集中する日本企業のメカニズム
「日本人は生産性が低い」のホントの所

SCENE 3
人事コンサルは日本企業をこう見る
日本人が知らない日本企業の強み
日本型人事管理の本質とは何か？
できる人材が残業体質になりやすい宿命
同じ等級の社員なのに仕事のレベルが違うのはなぜ？

第5章 「職場脳」からの脱却

第6章

残業できない時代をどう生きるか？

第1章

なぜ「働かない技術」が必要か

SCENE 1

「働き方改革」でこれから何が変わるか

とある食品メーカーの新任管理職研修の会場には、2019年度の昇格者28名が集まった。

入社年次には5年ほどの幅があり、年齢層としては38歳から46歳で、最年少の昇格者が2人いた。1人は経営企画部に所属する山本担当課長、そしてもう1人は人事部に所属する矢島担当課長だ。

2人は若手社員の頃から「仕事ができる人材」として社内の注目を集めており、最年少で管理職になったのはまずは順当な人事だった。また2人は、主任の頃に選抜人材として、国内の大学院でMBAも取得していた。2人とも非常に知性的で、それは醸し出す雰囲気からも仕事の進め方などからも見て取ることができた。

その2人を含む28名に対して、外部講師が2019年4月に施行された働き方改革関連法について話している（図1）。

図１　「働き方改革」でなにが変わる？

労働基準法改正のポイント

- 時間外労働（休日労働は含まず）の上限は、原則として、
  月45時間・年360時間となり、
  臨時的な特別の事情がなければ、
  これを超えることはできなくなる。

- 臨時的な特別の事情があって労使が合意する場合でも、
  時間外労働
  …年720時間以内
  時間外労働＋休日労働
  …月100時間未満、2～6カ月平均80時間以内
  とする必要がある。

- 原則である月45時間を超えることができるのは、
  年6カ月まで。

- 大企業は2019年4月から、中小企業は2020年４月から適用。

出所：厚生労働省・都道府県労働局・労働基準監督署
『時間外労働の上限規制　わかりやすい解説』よりアレンジ

「御社のような大企業は、まずは36協定の罰則付き上限規制に確実に対応していくことが急務でしょう。

たとえば、残業規制です。労働者の過労死等を防ぐため、残業時間は原則月45時間かつ年360時間の上限が設けられ、繁忙期であっても月100時間未満、年720時間以内にする必要があり、これを超えると刑事罰の適用もあります。

原則で考えた場合、月に20日間、毎日同じ時間残業するとして、1日の残業時間の上限は2時間ちょっと、ということになります」

自分たちが新卒で入社した頃とは、随分環境が変わったなと矢島担当課長は思った。

だが、働き方改革の所管部門として、急ピッチで対応していかなければならない。ほか、2020年に施行が見込まれているパワハラ防止義務法制化にも、対応していかなければならない。

この点、厄介なのは50代以上の上級管理職や役員クラスだ。いまだに「俺たちの若い頃は……。それに比べていまどきの若い奴は……」と喧伝してはばからない上役も一部にいる。

一方の山本担当課長は、研修の間、近く経営企画部に配属される第二新卒社員のことを考えていた。

「使える奴だといいが……。とにかく俺にとって課長は通過点だ。俺はこの中の誰よりも早く部長になる」

安定・安泰から遠ざかるＶＵＣＡの時代

ＶＵＣＡ（ブカ、ブーカ）という言葉が語られるようになってから久しく経つ。

ちなみにＶＵＣＡは、４つの英単語の頭文字をつなぎ合わせた造語である。

Ambiguity（曖昧性）
Complexity（複雑性）
Uncertainty（不確実性）
Volatility（変動性）

これら4つの要因により、現在の社会経済環境が極めて「予測不能な状態」に直面しているという時代認識を表している。このような時代認識は具体的にはどのように現れるのか。

たとえば、

自動車業界の次世代スタンダードが電気自動車になったことにより、従来自動車のエンジン部品を提供してきた企業は、2兆円の売上を失う。

なお、失うのは2兆円だけではない。自動車業界が他業界に対して保持していた最大の参入障壁が無に帰するのだ。

また、車の自動運転であるが、オリンピックイヤーである２０２０年に、日本は世界に先駆けて、一部の走行区間におけるタクシーについては実現する。

だが、車の自動運転にかかる走行テストの総距離では、ウェイモ（グーグルの子会社）が他を圧倒的に引き離している。また、自動運転に関する特許競争力でもグーグルがトヨタ自動車を上回って世界一となった（日本経済新聞「自動運転特許トップ50」２０１８年9月13日付）。

要は、トヨタ自動車のライバル企業は、他の自動車会社ではないのだ。

同じような事象は、他の業界でも起こっている。三菱商事はその所信表明の中で、「当社のライバル企業を、引き続き三井物産だと思っては我々の未来はない」と。そしてライバル企業名としてアマゾンを挙げた。そのアマゾンのアメリカにおけるライバル企業はウォルマートだが、当該企業の売上規模をご存じだろうか。

なんと60兆円である。

そのような企業が、ＰＢ（プライベートブランド）に力を入れ、他のメーカーの商品を排除したらメーカーはひとたまりもない。

ひと昔前、メーカーは流通業のPBなど脅威ではないと考えていた。

「モノづくりに対する愛情が違う、ノウハウも違う」、そう話すメーカーの社長がいた。だが、いまは違う。圧倒的な脅威を口にする社長や担当者ばかりだ。

このように、マクロな視点でビジネス環境を見渡してみると、安定や安泰などとは無縁の状態だと言える。

8時間会社にいても「働いて」いるのは3時間?

では、そのようなVUCAの時代環境が、我々の仕事にもたらす影響はどのようなものだろうか。

野村総合研究所と英オックスフォード大学のマイケル・オズボーン准教授らで行った共同研究によれば、2015年時点からみて20年以内に、日本の労働人口の49%がAI(人工知

図2 AIにとって代わられやすい仕事は？

人工知能やロボット等による代替可能性が高い100種の職業

IC生産オペレーター ／ 一般事務員 ／ 鋳物工 ／ 医療事務員 ／
受付係 ／ AV・通信機器組立・修理工 ／ 駅務員 ／ NC研削盤工 ／
NC旋盤工 ／ 会計監査係員 ／ 加工紙製造工 ／ 貸付係事務員 ／
学校事務員 ／ カメラ組立工 ／ 機械木工 ／
寄宿舎・寮・マンション管理人 ／ CADオペレーター ／ 給食調理人 ／
教育・研修事務員 ／ 行政事務員（国） ／ 行政事務員（県市町村） ／
銀行窓口係 ／ 金属加工・金属製品検査工 ／ 金属研磨工 ／
金属材料製造検査工 ／ 金属熱処理工 ／ 金属プレス工 ／
クリーニング取次店員 ／ 計器組立工 ／ 警備員 ／ 経理事務員 ／
検収・検品係員 ／ 検針員 ／ 建設作業員 ／
ゴム製品成形工（タイヤ成形を除く） ／ こん包工 ／ サッシ工 ／
産業廃棄物収集運搬作業員 ／ 紙器製造工 ／ 自動車組立工 ／
自動車塗装工 ／ 出荷・発送係員 ／ じんかい収集作業員 ／
人事係事務員 ／ 新聞配達員 ／ 診療情報管理士 ／
水産ねり製品製造工 ／ スーパー店員 ／ 生産現場事務員 ／
製パン工 ／ 製粉工 ／ 製本作業員 ／ 清涼飲料ルートセールス員 ／
石油精製オペレーター ／ セメント生産オペレーター ／
繊維製品検査工 ／ 倉庫作業員 ／ 惣菜製造工 ／ 測量士 ／
宝くじ販売人 ／ タクシー運転者 ／ 宅配便配達員 ／ 鍛造工 ／
駐車場管理人 ／ 通関士 ／ 通信販売受付事務員 ／ 積卸作業員 ／
データ入力係 ／ 電気通信技術者 ／ 電算写植オペレーター ／
電子計算機保守員（IT保守員） ／ 電子部品製造工 ／ 電車運転士 ／
道路パトロール隊員 ／ 日用品修理ショップ店員 ／ バイク便配達員 ／
発電員 ／ 非破壊検査員 ／ ビル施設管理技術者 ／ ビル清掃員 ／
物品購買事務員 ／ プラスチック製品成形工 ／
プロセス製版オペレーター ／ ボイラーオペレーター ／ 貿易事務員 ／
包装作業員 ／ 保管・管理係員 ／ 保険事務員 ／ ホテル客室係 ／
マシニングセンター・オペレーター ／ ミシン縫製工 ／ めっき工 ／
めん類製造工 ／ 郵便外務員 ／ 郵便事務員 ／
有料道路料金収受員 ／ レジ係 ／ 列車清掃員 ／
レンタカー営業所員 ／ 路線バス運転者

注：50音順、並びは代替可能性確率とは無関係
出所：野村総合研究所2015年12月2日ニュースリリース

図3　いっぽう、AIにとって代わられにくい仕事
人工知能やロボット等による代替可能性が低い100種の職業

アートディレクター ／ アウトドアインストラクター ／ アナウンサー ／
アロマセラピスト ／ 犬訓練士 ／ 医療ソーシャルワーカー ／
インテリアコーディネーター ／ インテリアデザイナー ／
映画カメラマン ／ 映画監督 ／ エコノミスト ／ 音楽教室講師 ／
学芸員 ／ 学校カウンセラー ／ 観光バスガイド ／
教育カウンセラー ／ クラシック演奏家 ／ グラフィックデザイナー ／
ケアマネージャー ／ 経営コンサルタント ／ 芸能マネージャー ／
ゲームクリエーター ／ 外科医 ／ 言語聴覚士 ／ 工業デザイナー ／
広告ディレクター ／ 国際協力専門家 ／ コピーライター ／
作業療法士 ／ 作詞家 ／ 作曲家 ／ 雑誌編集者 ／
産業カウンセラー ／ 産婦人科医 ／ 歯科医師 ／ 児童厚生員 ／
シナリオライター ／ 社会学研究者 ／ 社会教育主事 ／
社会福祉施設介護職員 ／ 社会福祉施設指導員 ／ 獣医師 ／
柔道整復師 ／ ジュエリーデザイナー ／ 小学校教員 ／
商業カメラマン ／ 小児科医 ／ 商品開発部員 ／ 助産師 ／
心理学研究者 ／ 人類学者 ／ スタイリスト ／
スポーツインストラクター ／ スポーツライター ／ 声楽家 ／
精神科医 ／ ソムリエ ／ 大学・短期大学教員 ／ 中学校教員 ／
中小企業診断士 ／ ツアーコンダクター ／ ディスクジョッキー ／
ディスプレイデザイナー ／ デスク ／ テレビカメラマン ／
テレビタレント ／ 図書編集者 ／ 内科医 ／ 日本語教師 ／
ネイル・アーティスト ／ バーテンダー ／ 俳優 ／ はり師・きゅう師 ／
美容師 ／ 評論家 ／ ファッションデザイナー ／
フードコーディネーター ／ 舞台演出家 ／ 舞台美術家 ／
フラワーデザイナー ／ フリーライター ／ プロデューサー ／
ペンション経営者 ／ 保育士 ／ 放送記者 ／ 放送ディレクター ／
報道カメラマン ／ 法務教官 ／ マーケティング・リサーチャー ／
マンガ家 ／ ミュージシャン ／ メイクアップアーティスト ／
盲・ろう・養護学校教員 ／ 幼稚園教員 ／ 理学療法士 ／
料理研究家 ／ 旅行会社カウンター係 ／ レコードプロデューサー ／
レストラン支配人 ／ 録音エンジニア

注：50音順、並びは代替可能性確率とは無関係
出所：野村総合研究所2015年12月2日ニュースリリース

能）・ロボットにより代替される可能性が高いとしている（図2）（図3）。

ただし、当研究報告は、当該職業を遂行するための一連の作業を仔細に分析したものではないため、49％を鵜呑みにすることはできないだろう。

ちなみにマッキンゼー・グローバル・インスティテュート（戦略コンサルティング会社・マッキンゼー・アンド・カンパニーのシンクタンク部門）が800以上の職業における2000以上の作業を分析した結果によれば、すべての作業が自動化の対象となる職業は全体の5％未満であるが、おおよそ60％の職業において、少なくとも3割程度の作業が技術的には自動化可能ということである。これは同シンクタンク部門が、2017年1月に提出したレポート「未来の労働を探求する――自動化、雇用そして生産性」において明らかにしていることである。

知識労働市場は肉体労働市場と比べると、（強制退場も含めた）引退時期に大きな差が出るが、AIによる仕事の代替はますますその差を助長することだろう。

要は、老齢とは関係なく、AIではできない、もしくはAIと協業して、いつまでも食べていける企業人と、AIで代替した方がコスト面で有利というような仕事しかできない企業人、同じ知識労働者でも、その待遇差はますます開いていくということである。

そんな中、「働き方改革」は労働時間の正確な把握や短縮を求めているのだが、そもそもこれからは8時間労働そのものも疑ってかかる必要があるのだ。

そもそも8時間労働の根拠は、知識労働者の生産性とはまったく関係がない。

8時間労働は18世紀後半、それまでの10時間から16時間にのぼる過酷な労働を見直し、「仕事に8時間を、休息に8時間を、やりたいことに8時間を」というスローガンのもとに提唱されたものである。

要は8時間労働とは、労働安全衛生という人道的見地から提唱され、定着したものなのであり、知識労働者の生産性を高めるために必要な「集中していられる時間」とは無関係なのだ。ある研究成果によれば、オフィスワーカーが生産的でいられる時間はたった3時間であるという報告もある。

では、その3時間に何をするか、である。

それによって知識労働市場からの評価も変わり、市場から引っ張りだこになるか、早期に退場を迫られるかが決まるのだ。これは今後、ＡＩにバイトなみの低賃金で使われるのか、極めて専門性の高い希有な人材として、ＡＩを高い賃金で使いこなすのかということとも対応する。

アルミの灰皿か、大理石の灰皿か

「24時間戦えますか？」というリゲインのテレビコマーシャルがお茶の間に登場してから約30年が経った。当時は、「企業戦士」という言葉が当たり前に語られていた時代である。

同じく、平成元（１９８９）年『現代用語の基礎知識』選ユーキャン「新語・流行語大賞」の新語部門金賞に「セクシャル・ハラスメント」が選ばれてから同じ年月が経った。

それから30年、たかがと見るか、もうと見るか、いずれにせよ30年である。

多くの企業において、この30年を一緒に働いた上下関係がある。

その上で、いまたとえば課長職が部下に対して、

「24時間戦えますか？」

と言えるだろうか。言ったらどんな反応が返ってくるだろうか。

話はそれだけでは終わらない。よく企業の役職者とこんな話になる。

30年前、まだメーカーにもＣＡＤのようなアプリケーションソフトが導入されていなかったので、設計部門には大きな定規が常備されていた。そして若かりし頃、当該部門の上役から定規の平たい箇所で叩かれたか、とがった箇所で叩かれたか問題が話題になる。

そうすると今度は、「いやいや、当時はそんなもんじゃなかったでしょ」という素ぶりで、話は発展する。

灰皿とその材質問題だ。

当時、自分のデスクで、もしくは会議室で普通にタバコが吸えたから、それで叩かれた、もしくは投げつけられたか、その材質は何だったのか問題である。

「アルミ？　いやいや私は大理石の灰皿で叩かれましたよ」など。

40代50代に刷り込まれた強烈な価値観

いずれにせよ、それから30年が経った。

いまの職場にあの当時の面影など、あってはならないはずだ。

しかしながら、それを受け入れられないミドル世代が、時にとんでもない問題を起こすのである。先日ある企業の人事担当者から、「２０２０年のパワハラ防止義務法制化に向けて、パ、ハ、ハ、パワハラだけを扱った企業研修をお願いしたい」という切実な依頼を受けた。

これまで、大企業の部課長を相手に「パワハラだけ」、しかも「１日かけて」、研修してほしいと頼まれたことはなかったから流石に驚いた。

30年前に社会に出た現・50代、そしてその薫陶を受けた40代の企業人は、それほど強烈な価値観を植え付けられているのである。だが、その時に培った企業人としての核となる価値観（これを心理学用語では準拠枠とか、コアビリーフということもある）が、いまは当たり前ではない。

部下や周囲の働きぶりを見ていて「カチン」ときたり、「イラッ」としたりするのは、その前提に自分なりの「当たり前」「常識」というものがあるからだ。そしてその「当たり前」や「常識」は、自分がある時に培った価値観から来るものであるが、それが時代にマッチしていないのだ。

厄介なのは、その価値観は自分にとっては当たり前すぎて、自分で気づくことがなかなかできないことである。そして特に、上位の役職に上り詰めるような企業人ほど、明快かつ強固な価値観をもっていることが多い。

価値観を変えなければならない3つの理由

ミドル世代はなぜ、価値観を変えなければならないのか。

その背景には、日本社会がますます成熟化し、多様な生き方や価値観が認められるようになってきたこと、少子化により日本人の働き手が著しく減少していることがある。

そこでこれからの職場というものを、３つの観点から見ていきたい。①いまどき世代と働くということ、②外国人と働くということ、③女性と働くということである。グローバル企業であればこの３点はすでに当たり前のことであるが、いま一度おさらいしておきたい。

❶ いまどき世代と働くということ

30年ということは、ゆとり世代が育ち、30代前半の社会人として一緒に働くようになった期間とも対応する。

彼らはこのような特徴をもっている。

お客さま人生である。
挫折したことがない。
上下関係に不慣れだ。
承認欲求が特に強い。

簡単に、心が折れる。

まず「お客さま人生である」だが、この世代はますます進む少子高齢化の中で生まれた。だから両親はもちろん、親戚一同をふくめ、ひとりか2人の子供を可愛がった。どこへ行っても何をしても、お客さまのように大切に扱われてきたのである。

そうであるが故に「挫折したことがない」。大人が（自分たちの判断で）、子供の挫折につながりそうな悪い芽を早いうちに摘んでしまうか、子供が大きな挫折をする前に、大人たちが救済の手を差し伸べたからである。

たとえば、この世代の進学や就職ひとつとってもそうだ。

学生の受け皿となる学校が、彼らの進学率や就職率を上げるために、至れり尽くせりの進学・就職ガイダンスをするようになった。その背景には、学校間で学生の獲得競争が激しくなったことがある。

そして、この世代が社会人となるのであるが、彼らの多くは「上下関係に不慣れ」だ。

子供が経験するはじめての上下関係、それはかつて親と子の間においてだったが、この世代の親子は友達のようにつきあってきた。だから、社会人になっても、変わらず仲が良い親子も多いと聞く。

そんな親子関係自体は素晴らしいことだが、ほとんどの企業組織には、上下関係が存在する。指揮命令や指導というものが存在する。この世代の一部の若者は、このような上下関係にうまく適応できないのだ。

そして、そんな彼らは「承認欲求が特に強い」。これはゆとり教育そのものが、彼らの個性を重視し、個性を引き出すことに重きを置いたことと関係するのではないかと筆者は考える。この世代の若者にインタビューした際、彼らは「個性的であれ」と言われることが重かったと言っていた。

我々世代にしても、あなたの個性は？　と聞かれて明快に答えられる人物はなかなかいないだろう。彼らの成長は「個性的でなければいけない」というところからはじまっているので、「個性的であるように頑張りますから、認めてください」ということになるのだろう。

そして最後に「簡単に、心が折れる」である。

これは最近、多くの企業で聞くところであるが、この世代は失敗を、時には過剰にというレベルで怖がる。

なお、この世代の若者からこんな話を聞いた。

「報連相《ホウレンソウ》という言葉は習いましたが、相談も完璧にしないといけないと思ってしまい、つい考えすぎて動けなくなってしまったり、動くのを躊躇してしまうんです」

役職者などは特に、職場のマイナス情報を早くキャッチしたいものであるが、昔自分が仕えた上司のやり方で、果たしてマイナス情報がタイムリーに上がってくるだろうか。

30年前の上司に、部下が自分のミスを報告したら、こんな風に扱われることも多かったはずだ。

開口一番、叱りつける。

（責任を）押し付ける。

（職場から）切り捨てる。

たとえば、こんな具合だ。

部下の報告を受けて、

「私（上司）はそんな指示を出していないだろう！　なんで勝手にそんなことをやったんだ！　どうしてそんなミスをしたんだ！」

部下のミスだけに焦点を合わせて、ひとしきり怒鳴りつけた後、

「君が自分でやったことだから、自分で責任をとれよ」

上司は、ミスをした部下を連れて上役に報告しなければならない。

その上役に対して、

「彼はいつも軽率な行動をとり、周囲に迷惑をかけるので、口を酸っぱくして指導しているのですが、一向に改善の兆しが見られません。ですから、うちの会社とまでは言いませんが、少なくともお客さまとのやり取りの多いうちの職場には、向いてないのではないでしょうか？」

いまどき世代に一度でもこの対応をしたら、その部下は、二度と上司の知りたいマイナス情報をタイムリーに報告してくることはないだろう。

別に筆者は、ミドル世代として「最近の若者は……」と愚痴をこぼすつもりはない。だが、いまどき世代はミドル世代と比べ、上下関係においてプレッシャーやストレスをかけられるのに慣れていないし、耐性が低い人が多い傾向にあるのは確かなようだ。

❷ 外国人と働くということ

いま日本の少子高齢化、労働力不足という国情を受けて、移民受け入れの議論が活発に行われている。

また超大型の企業買収により、全社員に占める日本人社員の割合が10％になった会社もある。外国人といってもたくさんの国があるが、たとえば欧米人は契約にない働き方を嫌う。だから契約にない「サービス残業」や「転居を伴う人事異動」など理解できない。

　また、まだまだ企業のコンプライアンス経営という意味では、寛容な国の人材とも一緒に働くことになるのだ。そういう働き手に、日本人の働き方に関する一般常識を押し付けることはできない。

　場合によっては、「会社のモノをとってはいけない」「就業時間中にお酒を飲んではいけない」というレベルからきちんと理解を得て共有する必要がある。

❸ 女性と働くということ

　国策として「女性の活躍」が謳《うた》われるようになって久しい。その活躍とは「社会人としてキャリアを中断せずに働き続けてほしい」という要請と、「家庭人として子供を産み、育んでほしい」という要請だ。

　これは女性にとって非常にタフな要請で、これらの要請に同時に応えようとするのであれば、男性パートナーの積極的な協力・分業が不可欠である。

　だが、男性パートナーの積極的な協力・分業を阻むのは、その多くがミドルより上の世代だ。

　そして、今後ますます進展するダイバーシティー経営（多様な価値観、生き方を尊重する職場）では、結婚しない、子供を望まないという価値観や生き方も、当然に尊重される必要がある。

ここで心得ておきたいのは、現在、短時間勤務、育児休業の適用対象となるのはそのほとんどが結婚をしていて子供を産み、育てている社員ということである。

だがその一方で、婚活中や妊活中の社員、それらを望んだがかなわなかった社員もいるはずだ。

近い将来、性的マイノリティーがますます自由に生きられるようになり、ついにはＡＩと結婚する人類が現れると言われる中で、会社の提示する制度に疑問を呈する者も出てくるだろう。

「男性は会社、女性は家庭」という価値観は、日本人が戦後の少ない人的資源で最も効果的に経済復興を遂げるべく採用したいわば時限立法である。

時限立法は、とうの昔にその効力を失った。

その結果として、これまで家庭内で役割を分担したり、解決してきたような問題の一部を、職場としても扱っていく必要が生じているのだ。

図4 日本政府が目指しているというもの
ワーク・ライフ・バランスと働き方改革

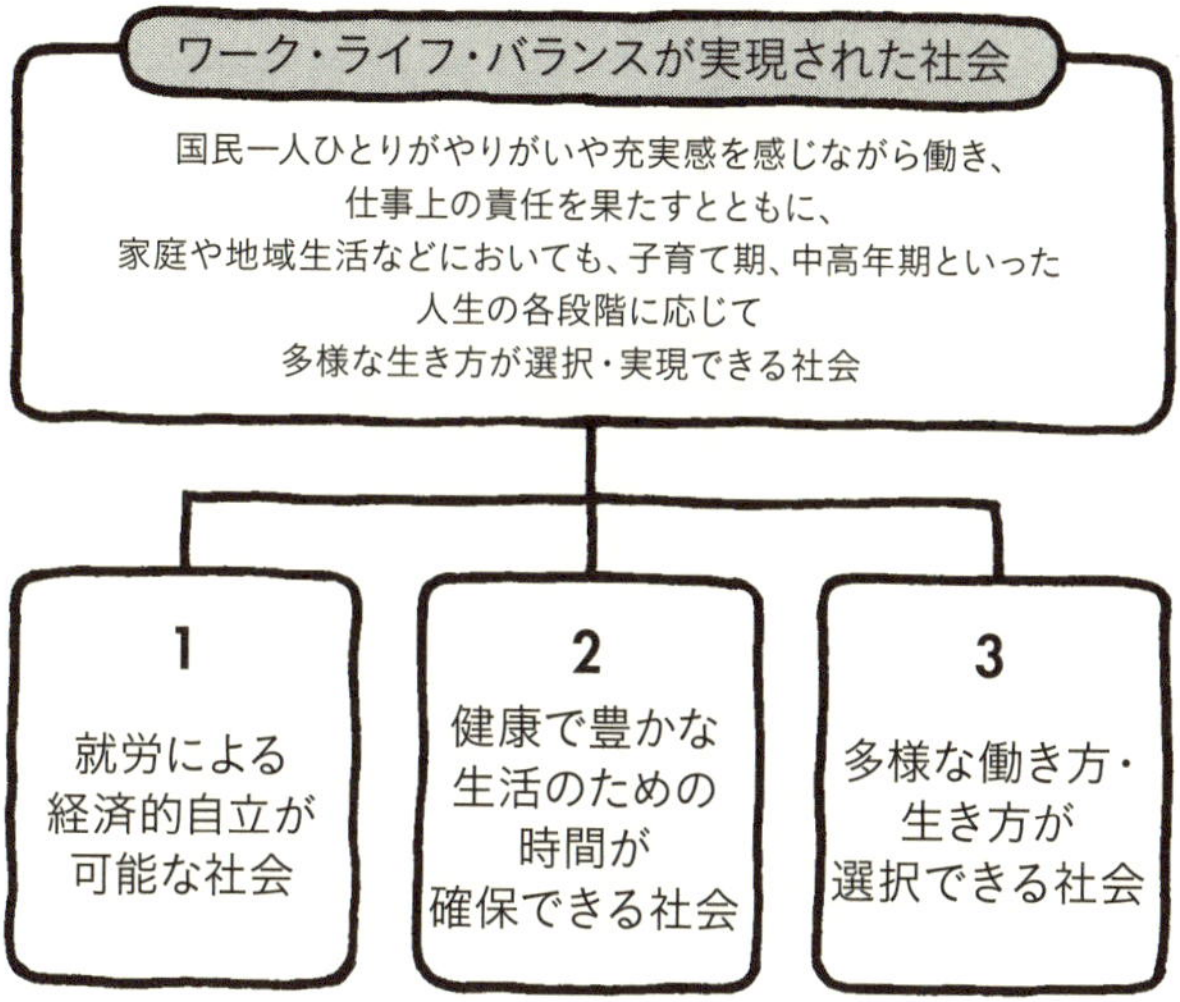
ワーク・ライフ・バランスが実現された社会
国民一人ひとりがやりがいや充実感を感じながら働き、
仕事上の責任を果たすとともに、
家庭や地域生活などにおいても、子育て期、中高年期といった
人生の各段階に応じて
多様な生き方が選択・実現できる社会
1
就労による
経済的自立が
可能な社会
2
健康で豊かな
生活のための
時間が
確保できる社会
3
多様な働き方・
生き方が
選択できる社会

出所：政府広報オンライン

そして実現したいのはワーク・ライフ・バランスだと日本政府は謳っている（図4）。

さて、ミドル世代はなぜ、価値観を変えなければならないのか、これについて、いまどき世代、外国人、女性の観点から述べた。

それでもセクハラやパワハラは致し方ないと考えている、または自らが30年前に培った価値観に固執しているという企業人は、少なくとも本書の読者にはいないと思うので、本書では「その先」の話をしたい。

その先の話とは、時代環境の変化に合わせて自分の価値観も変えていく、それだけでは、ミドル世代はもう企業人として活躍できないということだ。

少なくとも、課長から部長にはなれないということを、かつてリストラ寸前の憂き目にあった友人から学んだ。その学びとは何だったのか。それは後述するが、日系企業と外資系コンサルティング会社の両方を経験した筆者にとっても、その学びは「やはり」という側面と、「まさか」という側面が含まれていた。

それは、日系大企業におけるある種の価値観の表明だったと言えるだろう。

第2章

ガラパゴス化する職場

SCENE 2

残業をものともしないアラフォー世代のエース

経営企画部の山本担当課長は、今日も残業していた。

ただし、働き方改革による残業規制は守り、そのギリギリの範囲で行っていた。もともと残業が月100時間を超える者から申し出があった場合には、医師の面接指導を実施する義務が定められていたが、働き方改革関連法の施行により「月80時間」になった。

彼は、月100時間を超える残業などものともしないが、人事部から横やりを入れられるのが嫌だったので、そこは抜かりなく、月80時間以内で残業時間をコントロールしているのだ。

それに彼は、社のメールをフリーアドレスに転送し、業務時間外に返信することなどしないし、同じく時間外にかかってくる社用電話に応対することもなかった。

だから、彼の働き方に物申す者は誰もいなかったのである。

そして、当の本人・山本はこう思っていた。

「俺が新人だった頃は、昼夜を問わず働くのが当たり前だった。その時代があるからいまの俺があるんだ」

「『働き方改革』だかなんだか知らないが、ここで手綱を緩めたら、同期との競争に負ける。俺は常に一番でなければならない」

「俺はお前らとは違うのだ」

「働かない」のは案外難しい

部課長は管理職だから、その働き方についてはやや目を瞑るとしても、いずれにせよ管理職はその責任において、職場メンバーの働き方を改革していかなければならない。

しかしながら、日本人にとって「働かない」のは意外と難しい。なぜなら日本人の労働は、「神事」と結びついているからだ。中でも日本の神道において米を作るというのは、まさに神事に他ならない。

それに対して欧米人、特にキリスト教徒にとって労働は「罰」である。だから欧米人は、経済合理性を最重要視する。経済合理性とは、すなわち経済性（それは儲かるのか）、合理性（それは理屈に適うのか）、効率性（それは手間とコストを省けるのか）のことを指し、その観点から常に仕事を見直している。

ちなみに、いま日本の名だたる企業でも、ＭＢＡかそれに類似する昇格審査を通じて、人材の選抜を図っている。

そのような選抜をくぐり抜けてきた精鋭は当然であるが、非常に理知的であり、問題解決のフレームワークを使いこなすのはお手のもの、意思決定に至る議論の進め方やファシリテーションもうまい。

そして当の本人たちにも、「知性売り」で成功体験を積み、のし上がってきたことに対する自負があるのだ。

さて、そんな逸材が課長職になり、果たして働き方改革を実現することができるだろうか。

「狩猟型人材」と「農耕型人材」

ここ数年、次世代リーダーを養成するための会合で、会社が求める「あるべき人材像」について議論することがある。その際、引き合いに出されるのが、「狩猟型人材」と「農耕型人材」だ。

実際には大企業の人材像を、2つのタイプに単純化できるものでもない。ただ、一部の日本企業では、人材像が「狩猟型人材」養成に偏りつつあると感じるので、ここではあえて単純化して論じる。

「狩猟型」とは、個人で完遂でき、かつ個人の能力により成果に差が出る仕事で求められる人材要件である。

「農耕型」とは、個人で完遂できず、かつ個人の能力だけでは成果に差が出づらい仕事で求められる人材要件である。

もちろん「狩猟型」であっても、集団で狩りを行うが、その集団を率いるリーダーやメンバー個々の力量により、獲物を十分確保できるかできないかには大きな差が出る。

一方「農耕型」も集団で耕作を行うが、集団が闘いを挑むのは季節や天候であるため、個人の力量が全体の収穫にもたらす影響力は、相対的に小さくならざるを得ない。

また「狩猟型」の労働は、狩りをしている時間に限定されるのに対して、「農耕型」の労働は、田畑の全般的管理であるため時間は限定しづらい。

さらにもうひとつ「狩猟型」リーダーは、本人の体力や知性、統率力などによって選ばれるため、必ずしも年長者である必要はない。それに対して「農耕型」リーダーは、天候不順や異常気象など、過去の事象を経験した者が重宝されるため、年長者が選ばれることも多い。

ここでいったん整理するとこのようなことになる。

これは「狩猟型人材」が、その能力をいかんなく発揮するための条件である。

外部の立場で成果にコミットメントすること
求められる成果の範囲が定められていること
成果を出すまでの期間が定められていること

これは、外部コンサルタントが受託業務を成功させるための最低条件であるが、企業内部でもこの条件が満たされれば、長時間労働を単純に評価することはまずなくなるだろう。ちなみに欧米企業の多くは、同じ会社の同僚であっても、互いの職務範囲を侵すような介入はご法度である。そういう意味では、互いに第三者的な立場でサービスを提供していると言えるだろう。

だが、日本企業は欧米企業のように、それぞれの持ち場を預かる専門家同士が外部サービスの提供を受けるように、成果をやり取りする仕事の進め方をとれないし、そうしてはいけない事情があるのだ。

働き者であることが評価される国

日本人は放っておくと農耕型の働き方をしてしまう。
先日ある友人からこんな話を聞いた。

友人「うちの父親が定年退職した後、田舎暮らしをしているんだけど、家の裏手に地主さんが住んでいてね。先日その地主さんにばったり会った時にこう言われたんですよ」
地主「あなたのお父さんは働き者だね。裏で畑仕事をしながら時々見ていたけど、いつも畑に出て仕事しているね。ありゃあ、いい野菜つくるわ」

（中略）

友人「この辺はあまり土地が動かないんですってね」
地主「ああ、見ず知らずの奴には売れねえ。でもあんたならいいよ。あんたの父ちゃんのこと見ていたら、あんたのことも大体分かるし、あんたの父ちゃんと母ちゃんの顔が見えるからね」

この話を聞いた時、日本人の働き方、その遺伝子はここにあると感じた。

皆、まずは歩調を合わせて働かなければならない。植え付け時期から収穫時期まで、どの田畑も同じだからだ。

皆、働きながら周囲の働きぶりをよく見ている。そして田畑は、手をかければかけるほど良くなることも知っている。農家の働き手は、百にものぼる仕事ができて一人前だから、仕事に終わりがない。だから長時間労働になりがちだ。あの人がまだ畑にいるから、私もやめられないという意識も働く。

一方、近隣の田畑が荒れて害虫や害獣にやられると、土地でつながった自分の田畑も危ない。

帰りづらい職場はなぜなくならないか

日本企業の人事評価は、最終的には「評判」だと論じられてきたが、土地を移動しない農耕型の働き方がベースにあるのだとすれば頷ける。農耕型社会では「評判」が語り継がれていくのだ。「あなたのおじいちゃんはどうだった、こうだった」と。

狩猟型の働き方だと、移動した先の土地では、誰もあなたのことを知らない。だから新たな土地では実力だけがモノを言う。

また農耕型社会は、契約よりも人物や人間関係が優先される。

友人が地主に聞いたところによれば、かつて見知らぬよそ者と土地の売買契約を結んだが、蓋を開けてみれば、廃車を放置されるというトラブルがあったそうだ。

日本の組織が、無意識にもこの遺伝子を受け継いできたとしたら、つい仕事を増やしがちになるし、また仕事が丁寧で、長時間頑張る人を評価しがちになるのは、当然の帰結だろう。

だが働き方改革は、この「長時間頑張る」に真っ先に規制をかけた。「長時間頑張らない」ためには、意識とスキルと仕組みを変えなければいけないが、まず日本の組織は放っておくと農耕型の働き方をしてしまうと自覚することだ。

放っておくと農耕型に流れてしまう、戻ってしまうのは、単にその方が楽だし、居心地が良いからである。

したがって、まずはしっかりと自覚することで、意識を変えなければならない。

「丁寧な仕事」から「効率的な仕事」へ

日本人は、その仕事の「目的」を明らかにしないまま、進めてしまう傾向があるようだ。だから、あれもこれもとつい丁寧な、時には過品質な仕事になってしまう。

だが実際、ある仕事の「目的」をしっかり考えようとすると、なかなか頭を使う作業となる。また、仕事の「目的」は発注者である上司の頭の中にあるから、紋切型には聞きづらいということもあるだろう。だから「空気を読む」「忖度」などということがはじまるのだが、実は上司本人も、発注した仕事の「目的」を正確に摑んでいないことも多い。

それは、そもそも日本人の働き方と欧米人の働き方の違いから来ているようだ。日本人の働き方はメンバーシップ型、欧米人の働き方はジョブ型と言われている。

双方が職業を得る時にも日本人は就社（いまでは一部変わりつつあるが）、欧米人は就職という。この違いはなにか？

欧米人は、常に特定の職種やポストでキャリアを積む。それに対して日本人は、特定の企業において職種を選べず、ポストを選べずキャリアを積む。

だから欧米人の場合、特定の企業にエントリーしたくても、特定の職種やポストに空きがなければ、職を得ることができない。

その一方で、日本企業の（欧米企業にはない）新卒一括採用の場合、企業の採用募集枠に入りさえすれば、晴れてその企業に就職することができる。

ただし、配属先の職種は自分では選べず、企業が人事権を握る。そして以降も会社の要請により、時には職種や地域をまたがるような人事異動を経験し、キャリアを積む。

「メンバーシップ型」組織が長時間労働を招く

さて、ここでどちらの働き方が、仕事の「目的」をよく理解しているだろうか。

この時点で、すでに欧米人の働き方に分があるようだ。なぜなら仕事の「目的」を的確にとらえていなければ、その仕事を効率化することなどできないからだ。

また、メンバーシップ型では、その職種のエキスパートだけでなく素人も働いていると考えてよい。同じ会社の中で、職種を越えて人事異動してきた同僚は、たとえば異動元の営業部だったらエキスパートかもしれないが、異動先の人事部ではイチから仕事を覚え直さなければならない。

同じ職種であれば、月単位や年単位の繁忙期も分かるから、労働時間や休暇の取得もコントロールしやすい。また、圧倒的な専門性を保持できるので、他部門からの要請にも外部の専門家的な立場からアドバイスすることができる。

一方のメンバーシップ型は、人事異動により職場に定期的に新人が入ってくるようなものなので、職場のメンバーは対応に追われ、結果として長時間労働となり、かつメンバーの専門性も高まることがない。だから、仕事を依頼する時もその「目的」が忘れられ、指示が曖昧になる。

だが、今後とも日本企業における新卒一括採用・メンバーシップ型は、なくなることがないだろう。企業にとってメンバーシップ型には相応のメリットがあるからだ。

メリットとデメリット、その処方箋については後述する。

会社員が知らない働き方改革の本質

さて、これまで我々企業人を取り巻く大きな変化、特に30年前からの大きな変化について論じてきた。その上で、働き方改革の本質的理解と、改革の先にある日本企業の課題について考えてみたい。

働き方改革の本質、それは「個人の尊厳と生涯キャリアの自己管理」である。

個人の尊厳は、日本国憲法が実現すべき根本目的であり、ワーク・ライフ・バランスの実現はその目的に適っている。パワハラ防止義務法制化なども同じ目的に適っていると言える。

そして、キャリアは誰のものかという問題。これまで日本企業で働く企業人は、自らのキャリアを他律的に管理されてきた。

だが先日、経団連の中西宏明会長は、企業が今後「終身雇用」を続けていくのは難しいと述べ、雇用システムを変えていく方向性を示した。その一方で、国も企業も企業人が多様な働き方を選択できるよう、施策を講じている。

日本の企業人は、ハラスメントに異議を唱える「権利」を得た。その他にも、企業人の「権利」は30年前とは比べものにならないほど整備されつつある。そのような「権利」をもって、たとえば今後、海外勤務や転居を伴う人事異動のない地域限定社員を、積極的に選択する新人もますます増えることだろう。

そうして、多様な働き方を選択することができる「自由」を得た。

だが、「権利」というコインの裏側は「義務」であるし、「自由」の裏側は「自己責任」だ。この「義務」とは、自ら自律的に研鑽し、企業人として成果を出すことであるし、「自己責任」とは生涯キャリアを自ら管理し、人生100年時代を生き抜くことである。

最近、企業の人事担当者から、「権利」や「自由」ばかり主張して、自らのスキルを積極的に磨いたり、改善しようとしない若手社員の話をよく聞く。

それはそれで構わない、これが筆者の主張だ。

ただ、これから広がる企業内の教育格差、その若手社員はどちらの立場にいたいのだろうか？　と問うてはみたい。

入社後の教育格差が、今後は生命線に

企業内教育には3つある。

❶　自己啓発
❷　OFF-JT（企業内研修）
❸　OJT（上司や先輩による実務指導）

「❶自己啓発」は、自ら手を挙げて通信教育を受講する、本を買って読むなどの自助教育だが、積極的に取り組む社員は取り組むし、取り組まない社員は取り組まないから教育格差は開く。

「❷OFF-JT」だが、企業内研修などもその多くは選抜制になっている。すべての社員が一堂に会して実施されるのは新入社員研修くらいであろう。従来から教育格差は、この教育でも開いていた。

「❸OJT」が日本企業ではある種の砦だった。相性の悪い先輩にあたってしまうこともあるが、人事部や上司が相応のケアをしてくれる企業も多い。

不器用な新人を見て、「あの新人をなんとかしてやってくれ」とトレーナーの先輩に上司である課長が厳命する姿も見てきた。だが、今後は上司や先輩によるＯＪＴへの踏み込みも甘くなるだろう。善意から既定のマニュアル以上の指導をして、ハラスメントだと訴えられては立つ瀬がないからだ。

そもそも、メンバーシップ型の働き方も、言うまでもないことであるが、自ら積極的に仕事を覚えなければ、企業人として「できる人」になることはできないのだ。だから「お客さま人生」ではやっていけないことを肝に銘じておきたい。

それに、日本企業がメンバーシップ型をやめて、ジョブ型の働き方を積極的に採用するようになったら、仕事を覚えるためにかかるコストは、企業ではなくて求職者個人が負担しなければならないのだ。

いずれにせよ、知識労働者は教育格差が致命傷となる。

そんな中ではあるが、たとえば教育格差を有利に生き抜き、晴れて管理職になったとしよう。

管理職への昇格、それは「勝ち取る」という意味において、キャリアの最高峰を極めたということだ。

さてそれから先、どう職場の働き方改革を進めるか、「働かない技術」を極めるかを次章以降で論じたい。

ただし、単純に「働かない技術」を極めるだけだったら、早晩勤め先は立ち行かなくなり、職場はなくなってしまうか、外資に買収されるかがオチであろう。だから、日本企業の弱みと強みをいま一度きちんととらえ直した上で、ということにしたい。

計8時間の会議に幹部が全員参加する会社

筆者は、ビジネスコンサルタントとして様々な企業に関与してきた。そんな筆者が目撃した効率の悪い会社の「ムダな仕事」をいくつか紹介する。

たとえばある会社では、毎月1回、夜の20時から翌朝の4時頃まで、延々と営業会議を行っていた。時には翌朝の8時にまで至ることもあった。出席者は社長と部長以上の経営幹部全員だ。

会の趣旨は、本来であれば、（その名の通り）営業会議なのであるが、その内実は創業社長の独演会である。

社長が創業当時の苦労を語ることで、またはガンバリズムをごり押しすることで、売上目標が達成できるのであれば、大いに捲《まく》し立てればよい（それでもやはり、他にやり方はないのかと言いたくなるが）。だが、各店舗が売上目標を達成しようとしまいとお構いなしなのだ。それに社長の暴走を止める者もいない。

実際、この事例は筆者が見てきた中でもかなり極端な部類に入るが、「会議という名の独演会」に参加する羽目になった読者は、少なからずいると思う。

そして、そんな社長に限って「うちの幹部は、自分の頭で考えることができない」とコンサルタントに相談を持ちかけるからたちが悪いのだ。

ガラパゴス役員は「そうはいっても」で何も決定しない

またこんなこともあった。ある企業で経営計画の策定にかかるワークショップを実施した際、集まった役員のひとりに「そうはいっても、一方で――」というフレーズをやたらと口にする人物がいた。

その人物は他の役員がどんな前向き、建設的な発言をしても、「そうはいっても、一方で――」と切り返すことで、意思決定を避けようとするのだ。

ちなみに、その人物は非常に博学であり、自社を取り巻く環境認識や親会社の歴史に至るまで、もてる知識を惜しみなく披露するのだが、コトが意思決定に向かう流れになると、手を大きく広げて「そうはいっても、一方で――」と煙に巻くのである。

まさに、ハイスペックだが、意思決定には何の役にも立たないガラパゴス知識でその場を混乱させ、ストレスフルなものにしていた。

しかもその役員こそが、親会社から出向してきた「社長」だったため、他のプロパー役員とともに暗澹たる気持ちになったことをいまでも覚えている。

社長のお出ましに管理部社員10数名がお出迎え…

さらにこんなこともあった。某企業グループの部長クラスを対象に、将来の事業構想を練る会合をしていた時のこと、そろそろ社長が激励にやってくるという段になって、事務局の動きが慌ただしくなり、明らかにピリピリし出したのだ。

そして社長が現れた時、会場の事務局とは別に、管理部門のスタッフが10名以上付き従っていたのである。彼らは、他の仕事のついでに付き従ったのではなく、付き従うことそのものを仕事としていた。

社長の激励は、確かにセレモニーという位置づけもあったかもしれないが、その仰々しさに圧倒されてしまったし、外部の立場として「何もそこまで……」という感は否めなかった。

ただし、同じような忖度を、日本の企業人は少なからず体験しているはずだ。

たとえば自社の社長が、ある日ローカル工場を訪れることになったとしたら、その工場に勤務する社員はどんな動きをするだろうか？

遅くとも訪問日の前日には、社員総出で、敷地内の清掃や草むしりにあたることだろう。そして当日、管理部門のスタッフはぴんと張り詰めた緊張感の中で、自社の社長を出迎えるのだ。

一生懸命なのに業績が上がらない職場の悪弊

●会議　何も決まらない会議の意味とは

たとえば会議であるが、一体日本の企業人は、どれくらいの時間を会議に費やしているのだろうか。こんなデータがある。

会議に費やされる時間（業務時間に占める割合）

一般オフィスワーカー：20％〜30％※
マネジャークラス：60％〜80％
出典：山崎将志『会議の教科書——強い企業の基本の「型」を盗む！』ソフトバンク・クリエイティブ、2006より

一部の日本企業では、会議の生産性を上げるべく、その運営ルールを室内に貼り出すようになった。だが、研修などで次のような質問をすると、いくつかの項目について「そう思う」と回答する受講者もまだまだ多い。

□会議の目的や議題を知らないままその席に着くことが多い。
□会議がはじまってからなんとなく誰かが意見を言い出すことが多い。
□会議は時間通りにはじまらない、または終わらないことが多い。
□会議が終わっても何が決まったのか分からない。
□会議で発言しづらい雰囲気になることがよくある。

□いつも特定の人が発言する、声の大きい人の意見が結論になる。

なお、このような兆候への対処法については拙著『いらない課長、すごい課長』（日経プレミアシリーズ）に譲るが、すでに会議の生産性を改善する手立てを講じている企業もあれば、そうでない企業もあるというのが筆者の実感だ。

会議の単位を15分で設計している企業や、会議では着席せずに立ったまま行う「スタンドアップ・ミーティング」を励行している企業もある。

その一方で、会議の生産性を大きく左右するホワイトボードを、会議室に常設していない企業や、会議で使用する資料はいまだに「紙」という企業もあるから、その差は大きいと言える。

●研修　ひとつの研修に7社のコンペ？

次に研修であるが、担当者が他社事例を収集することばかりに熱心で、自社の人材育成方針がぼやけていたり、人材育成に対する担当者の「思い」や「問題意識」が希薄な会社もある。

そんな会社や担当者ほど、研修ひとつ企画するのに、5社、7社とたくさんの研修会社に声をかけたりするのだ。実際、「7社コンペで説明会をしたいのですが」と声をかけてきた企業があったが、その場で断ってしまった。

研修を提案する側も、いたずらに呼び出されるばかりで受注に至らないため、そのような企業や担当者を敬遠するようになる。実際、企業研修のプランナーは、営業先の担当者から何社のコンペなのかを聞き出した時点で、その会社の人材育成に対するスタンスや、担当者の姿勢はおおよそ分かるそうだ。

また、研修のコストばかりに執着するため、結局良い講師をアサインすることができず、効果が上がらないということもある。

こんな次第であるから、社員もやる気はゼロ、研修時間中もせっせと客先からの電話をとり、会場を出ていく。それに経営陣も、社員の能力開発に手間とコストをかける気がそれほどなく、せいぜいコンプライアンス経営や、ハラスメント防止に尽力しているポーズを示すために「アリバイ研修」の実施を担当者に指示するくらいである。

また一方で、自社の管理職クラスを、「地獄の特訓」と称する、物理的にも精神的にもタフな研修に送り込み、満足している経営者もいる。別にそのような研修を否定するものではないが、地獄の特訓≠充実した研修というわけではない。

そのような経営者は、物理的にも精神的にも厳しい環境の中でしか、人は成長できないという時代錯誤な思い込みから抜け出せずにいるのである。

筆者は、企業の人材育成に長く携わる者として、「企業の人材育成に対する考え方や姿勢は、その企業の品格を表す」と考えている。

●人事面　不要なポストが生み出す働かないオジサン

日本企業はこれまで、仕事の大きさにより階層をつくるのではなく、仕事をこなす能力により階層を作ってきた。これを資格等級という。

仕事は現に存在する仕事しかないから、それを手がける人材も仕事がなければ存在し得ないが、仕事をこなす能力ということになると、仕事そのものがなくても能力を認定された人材が存在する余地はある。

しかもその能力というのは、職務遂行能力と称しながら、実際には相応の勤続年数を経た社員を昇格させて、より高い処遇を保証するための形式的な基準だったのだ。

だから日本企業では、少なからぬ読者が職場で目撃している「働かないオジサン」が居座れるのである。

そして、いまでも資格等級の数がやたらと多く、小さな仕事を複数の社員で分け合っているような会社もある。

統計によれば、日本企業が人事制度で設定している資格等級の数は、9等級が一番多い。

しかしながら、筆者が在籍していた外資系コンサルティング会社の等級数は、経営層（パートナー）も入れて5等級しかなかった。要は、等級の多さが仕事を細分化し、不要なポストを作り出す元凶にもなっているのだ。

そんな不要なポストの働かないオジサンたちは、定年退職までの逃げ切りを目論みつつ、余計なことをする。

ある企業から、新規事業の創出に向けたワーキンググループがうまく機能していないので、助けてほしいという依頼を受けた。これは経験則だが、優秀な人材が集うはずの企業でプロジェクトが前に進まないのは、そもそもの推進体制や人選に問題があることも多い。

そして筆者の経験則は、この事例にも当てはまった。

そのワーキンググループに、プロジェクトリーダーはいるが、その先輩格の働かないオジサンたちがオブザーバーとして参画しており、言いたいことを言う。彼らには、権限もないが責任もないので、それこそ言いたい放題だ。

ワーキンググループは3つあったが、いずれも同じような状態だった。

キックオフで、はじめて彼らに対面した時のことは忘れられない。たまたまオブザーバーを除き、コアメンバーのみを招集した会合だったのだが、課長クラス以下のメンバーはみな、苦虫を噛み潰したような顔をしていた。

筆者は、その顔を見て、当初予定していたカリキュラムをすべて取りやめ、彼らに寄り添うことにした。そうして出てきた不満や要望をすべてリストアップし、プロジェクトオーナーに提言した。

もちろんそこには、不要なオブザーバーをワーキンググループから外すという内容も含まれていた。筆者は、プロジェクトオーナーの対応いかんによっては、この依頼そのものを辞退するつもりでいた。働かないオジサンたちのわけ知り顔な発言が、いかにコアメンバーの熱意、やる気をそいできたか知っていたからである。

結果として、その案件のオーナーは、オブザーバーを外すことも含め、すべての要望を聞き入れ、対応してくれた。

●決裁　判断しない、承認しない上司の弊害

また決裁にしても、先の「そうはいっても、一方で――」と、社長ではないが、「判断しない」「承認しない」上司がいる。中には「働かないことを決めている」管理職すらいる。

そういう管理職は、思慮深さやリスクマネジメント、時にはコンプライアンスを隠れ蓑にするが、要は判断や承認をしてしまって、その責任をとりたくないのだ。

この問題はまた後で取り上げるが、「判断しない」「承認しない」は、できる部下をメンタルヘルス不全に追い込む〝ハラスメント〟だということを肝に銘じなければならない。

●おつきあい残業　ダラダラ仕事かフラリーマンか

最近は、定時後しばらくするとパソコンの電源が自動的に落ちるだとか、19時を過ぎたら、社屋から強制的に退出しなければならないなどという企業も出てきている。

だが、そんな働き方改革時代にも、帰りづらい職場というものは多数ある。

そもそも我々が新人だった時代は、自分の仕事が終わったら、先輩や上司に「何か自分にできることはありませんか？」とひと言声をかけてから退勤するように躾けられていたし、やはり先輩や上司が残業していたら、自分も仕事を見つけて残業したものだ。

それぐらい「仕事が終わっても帰りづらい職場」が普通だった。

そして、そのような世代の生活パターンは、残業前提で組み立てられており、それは残業代なしの管理職になっても習慣として引き継がれていく。要は「残業習慣」が自然と身に付いてしまったのだ。

そんなミドル・シニア世代は、残業を取り上げられると困り果ててしまう。

働き方改革の中で、強制的に定時退社させられても真っすぐ家に帰りたくない、帰ってもやることがない、だから街を徘徊するしかない。そんな「フラリーマン」がＮＨＫ朝の情報番組「おはよう日本」で特集された。

そんな〝生活習慣病〟を抱えた管理職の一部は、なかなか体質改善が進まない。そしてこんなことをぼやくのだ。

「ゆとり世代は定時になると、挨拶もなくいつの間にかいなくなっている」

「挨拶もなく定時で帰る社員」を評価できるか

先日、ある企業の管理職に「自分が若手社員だった頃、上司のどんな言動でやる気になったか」を書き出してもらった。その際に出てきたのは「自分のために、上司がさり気なく居残って残業していてくれたこと」だった。

当時は、そういう気遣いを美徳と見なしていたから、我々世代の一部は、挨拶もなく帰っていく新世代に苦い顔をする一方で、一緒に「おつきあい残業」してくれるような部下を好み、評価したがるのだ。

だが、美徳すらも時代や環境によって変わる。それに、いまどきの人事制度に「おつきあい残業」を評価するような能力または業績評価項目は、どこにも見当たらないはずだ。それなのに、イチ個人の独善的な解釈で残業する部下を評価してしまうのは、明らかに不当である。そして昨今の人事評価にからむ裁判において、裁判官は「評価の不当性」を見ているのだ。

要は、基準に則っていない、適切な運用プロセスを経ていないなど、明らかに「それは、おかしい」という評価を断罪するのである。

それに、いま労働基準監督署の職員は、オフィス街を巡回し、あなたの職場の照明がいつ消えるかを観察し、記録している。ある日、職員が乗り込んできて、改善を迫るのだ。

いまこそミドル・シニア世代は、〝生活習慣病〟を克服しなければならない。

特定の人に仕事が一極集中する日本企業のメカニズム

先日、ある食の専門誌を手がけている編集者の愚痴を聞いた。彼女は二児の母でありながら、同誌の副編集長という重責も担っているため、毎月の雑誌制作に加えて、たとえば新卒の採用面接にも立ち会わなくてはならないのだそうだ。そんな彼女は、面接を受けに来た志望者の「御誌は、ワーク・ライフ・バランスに貢献していますよね」というひと言に苦笑した。

「内情はもう大変よ。これ以上働いたら家庭が崩壊するわ」と彼女は深いため息をついた。

そして彼女は、職場の内情を話してくれた。そもそも頭数も足りていないが、雑誌のクオリティーを担保できる社員の数はさらに限られていて、「任せられそうな社員に任せる」しかない状態に陥っているそうなのだ。彼女は「任せられそうな社員」の一人として、編集長から湯水のように仕事が降ってくる。だが、新人にもベテランにも仕事を振れない。

新人は、入社当初からワーク・ライフ・バランスという言葉を聞かされ、常にそのバランスがとれる範囲内で仕事をしている。一方、ベテラン社員は、自分なりの経験とこだわりにとらわれ、いま求められる雑誌のクオリティーからややズレてしまっている。

だから「任せられそうな社員に任せる」しかないが、同じ理屈は欧米企業では通らない。欧米企業では「任せるべき社員に任せる」選択しかないからだ。「任せるべき社員」というのはもちろん、そのジョブを担うために採用された社員のことを指し、日本企業のように「任せられそうな」という選択の幅や裁量の余地は、ほとんどないと考えてよいだろう。

その一方、メンバーシップ型の働き方は、職場内でこれができたら次はあれと仕事を回し合っているから、互いのやっていることをまったく知らないわけではない。だから他のメンバーの仕事に口を挟めるし、挟みたくなるのだ。

「自分がその仕事をしていた時にはこんなことがあった、こんな風に言われた」と。

これこそが、職場のガラパゴス化なのである。みなが経験もあり、様々なスキルセットをもっているのだが、どこか嚙み合わない、ベクトルが合わない。

このままでは、昨今の働き方改革のシワ寄せを受けて、職場の「要」となる人材、上場企業の課長クラスが疲弊して、身体を壊すか、心を病むかしかなくなる。

では、なぜ日本企業はメンバーシップ型を捨てられないのか。そこにはある歴史的な背景と、日本企業の強みの根幹に関わる大切な論点がある。以降、これらの論点を丁寧にひもといていくが、その前段で日本企業の生産性にかかるある誤解を解いておきたい。

「日本人は生産性が低い」のホントの所

日本生産性本部がまとめた「労働生産性の国際比較」によれば、日本の労働生産性は、ＯＥＣＤ（経済協力開発機構）加盟36カ国中20位で、主要先進7カ国で見ると、データの取得可能な1970年以降最下位を更新し続けている（図5）。

この数字だけ見ると違和感を覚える読者もいるだろう。日本が世界に誇る「カイゼン」はどうなっているのかと。確かにこの数字だけ見ると、日本企業はどこもかしこも労働生産性が低いのかと誤解を招くだろう。したがって、まずは正しく理解したい。

そのため、日本企業を大企業と中小企業、そして製造業と非製造業に分けて考えるべきだ。日本の大企業、そして製造業の労働生産性は高い。業界によってはアメリカのそれを上回る水準だ。だが当該企業の日本経済全体に占める割合は小さい。なぜなら、日本のＧＤＰの約60％、雇用の70％を支えているのは中小企業だからだ。

ちなみに、中小企業の数や雇用者数について、アメリカやＥＵと比較してみると、仮に経

図5 日本人は生産性が低いといわれるが…

OECD加盟諸国の時間当たり労働生産性（2017年／36カ国比較）

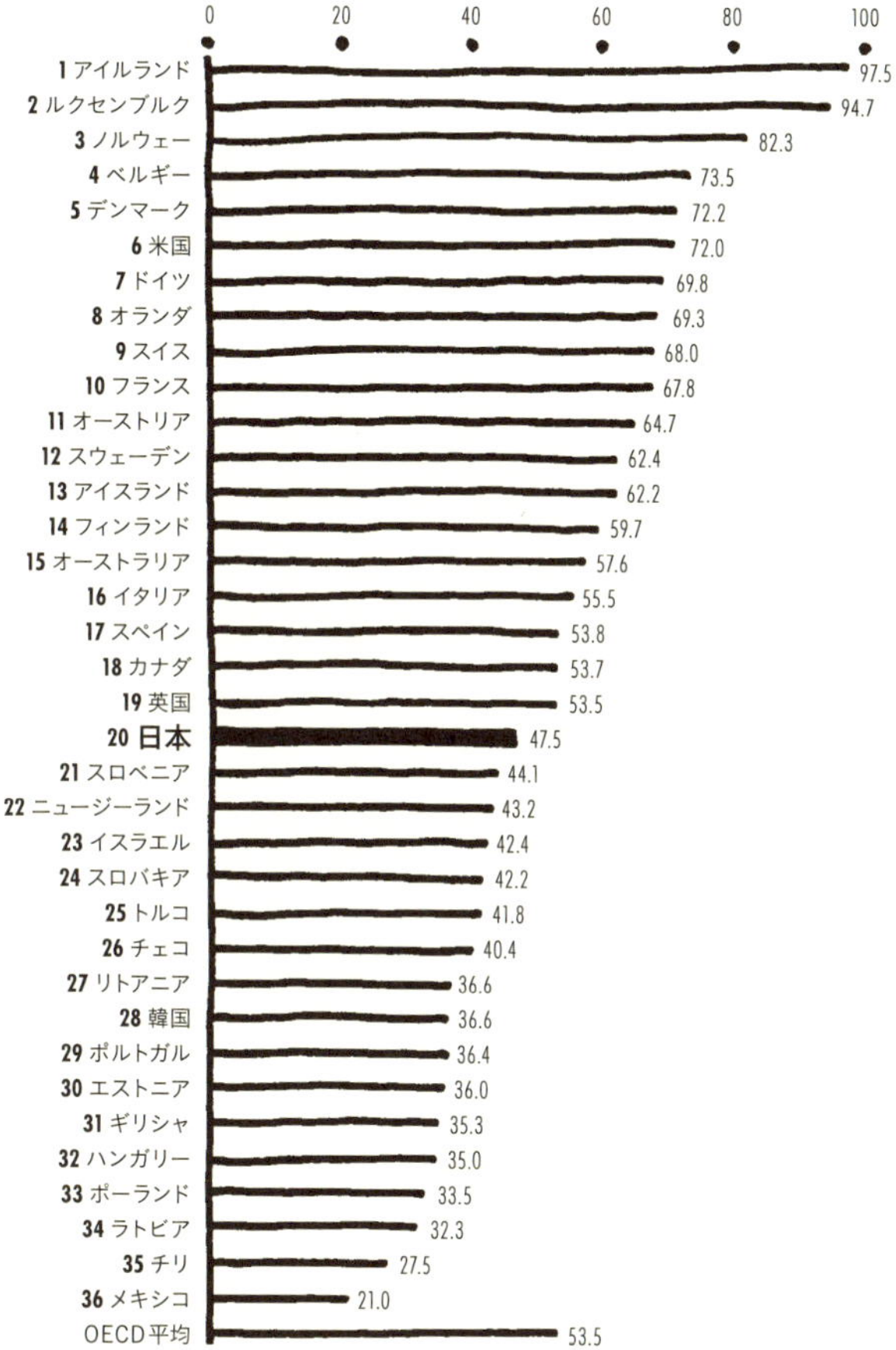

単位：購買力平価換算USドル

出所：日本生産性本部「労働生産性の国際比較2018」

済の規模を一定とした場合、中小企業の数はＥＵが一番多く、アメリカ、日本の順である。

一方、雇用者数は、日本が一番多く、次にＥＵ、そしてアメリカの順だ。

中小企業の定義が違うので一概には言えないが、同じ中小といっても、日本にはＥＵやアメリカよりも、規模の大きい企業が多いということだろう。

また日本には製造業よりも、非製造業が圧倒的に多く、従業員数も非製造業の方が圧倒的に多い。要は日本企業の99％以上を占める中小企業のうち、特に非製造業が日本企業全体の労働生産性を引き下げているのである。

その中でも特に「卸売・小売業」や「宿泊業・飲食サービス業」などの労働生産性が低い。

これはたとえば地方で宿泊したり、飲食店に入ってみればうなずけるだろう。施設や店舗によっては、やたらと多くの従業員が働いている。なお、これは筆者の見解だが、地方の一部の旅館や飲食店などは、複数の人間で仕事を分け合っているとも言えないだろうか。

だが、これからは地方の経済規模が小さくなるスピードより、経済の担い手（働き手）が少なくなるスピードの方が速い。したがって、やはり労働生産性の向上は、日本企業全体が喫緊に解決すべき課題なのである。

第3章

ダラダラ職場が生まれる理由

SCENE 3

人事コンサルは日本企業をこう見る

人事部・矢島担当課長は相変わらず部下なしだったが、現在は人事制度の見直しを任されている。ちなみに経営企画部・山本担当課長は部下をもつライン課長になり、全社の中期経営計画の策定に奔走していた。

矢島は、定時になるとすぐに会社を出た。「働き方改革」の一環としての残業規制であるが、18時30分には自動的にPCの電源がオフになる会社や、19時過ぎには社屋から追い出される会社もあると聞いている。

自分はプレイングマネジャーとして、なんとか切り盛りしているが、部の若手がいまいち育っていないようで、やや気になった(自分の部下ではないので、お節介であるが)。

今日は、このまま渋谷に向かい、大学時代の同級生に会うことになっている。同級生の荒井は外資系のコンサルティングファームで人事コンサルタントをしている。彼から最近の人事制度のトレンドや、各社の働き方改革への取り組みについて教えを乞いたいと思い、食事に誘った。

「どうだ、荒井？　日本企業の働き方改革はさ？」

「うまくいってないよ。どこの人事担当者も、どういう経緯でいまの日本型雇用や人事制度になっているのか理解していないから」

矢島はドキッとした。自分もとうてい人事制度の経緯など理解していない。現行制度や専門用語を理解するのに手いっぱいである。

「働き方改革が進まない制度的理由、矢島分かってる？」

「すまない、正直勉強不足だ」

「勉強不足なのはしょうがないのさ。矢島、課長になる前までは営業にいたんだろ」

「そうだけど」

「それがメンバーシップ型の働き方の弊害だ。スペシャリストが育たない。いや、ちがうな。ジョブ型の働き方で言えば、スペシャリストはそのポストを得た時からスペシャリストでなければいけないんだよ」

「働き方の違いは勉強した。でもなんで日本企業はわざわざそんな働き方をしてきたんだ？」

「それは人員の補充が簡単だからだよ。会社側が人事権を握っていて、かつ人材育成の負担を職場に負わせれば、空いたポストにすぐ人員を配置できる。ジョブ型だと職種やポストに人材が固定しているから、外から人材を引っ張ってこなければならない。だからさ」

「よく分かったよ。成熟したスペシャリストでポストを固めてないから、残業体質になるんだね。うちも当たり前に定期異動とかやってるからな」

「実は残業体質を助長しているのは、メンバーシップ型の働き方だけじゃないんだ。年次管理も残業体質やガンバリズムを助長してきた」

「年次管理って、入社年次による管理のことだよね」

「そうだ。欧米企業には『同期の桜』なんて考え方はない。でも日本にはある。日本人はまだ、同期で切磋琢磨して一生懸命がんばれば、皆同じように出世できるって信じてるのさ。でも矢島ならもう分かってるだろ？　入社してかなり早い時期から、同期でも出世に差がついてること」

「それは……そうだね。人事データが見られる立場だから」

矢島の脳裏に、おそらくもう課長になる目のない同期の顔が思い浮かんだ。

日本人が知らない日本企業の強み

働き方改革の本質とは、個人の尊厳と生涯キャリアの自己管理だと述べた。いわばこの改革の本質は「個人」への回帰なのである。それに対して、これまで日本企業は「集団」として成果を上げることを強みとしてきた。

ここに、日本企業の強さというものを歴史的な文脈でとらえたデータがある。

41カ国合計　5586社

上位4カ国
日本　3146社
ドイツ　837社
オランダ　222社
フランス　196社

出典：YONHAP NEWS AGENCY 聯合ニュース「日本に長寿企業が多いわけは？ 韓国銀行が分析」

これは韓国銀行が2008年に発表した「日本企業の長寿要因および示唆点」と題する報告書のデータである。世界には創業以来200年以上の歴史を誇る企業が41カ国に5586社あるが、その約6割は日本にあるという事実だ。

同行は、日本企業がこのような長い歳月に耐えることができた秘訣として、いくつかの要素を挙げた。

本業重視
信頼経営
透徹した職人精神
血縁を超えた後継者選び
保守的な企業運用

他に、外国からの侵略が少なかったことや職人を尊重する社会的雰囲気など、外的要因も影響を与えたと分析している。

また、こんなデータもある。日本には創業以来100年以上の歴史をもつ企業は3万3069社あり、そのうちのトップ10も、東京商工リサーチの「全国『老舗企業』調査」で明らかにされている（図6）。

図6　日本には老舗企業が多い

全国「老舗企業」調査

老舗企業業歴ランキング　　(業歴、創業年単位：年)

順位	商号	都道府県	業歴	創業年	業種
1	(株) 金剛組	大阪府	1439	578	木造建築工事業
2	一般財団法人池坊華道会	京都府	1430	587	生花・茶道教授業
3	(有) 西山温泉慶雲館	山梨県	1312	705	旅館、ホテル
4	(株) 古まん	兵庫県	1300	717	旅館、ホテル
5	(有) 善吾楼	石川県	1299	718	旅館、ホテル
6	(株) 田中伊雅	京都府	1128	889	宗教用具製造業
7	(株) ホテル佐勘	宮城県	1017	1000	旅館、ホテル
8	(株) 朱官神仏具店	山梨県	993	1024	宗教用具小売業
9	(株) 高半ホテル	新潟県	942	1075	旅館、ホテル
10	須藤本家 (株)	茨城県	876	1141	清酒製造業

※ランキングは宗教法人および日本標準産業分類中分類93（政治・経済・文化団体）以降を除く

出所：東京商工リサーチ「全国『老舗企業』調査」

このように日本には、老舗と呼ばれる企業が、様々な風雪を乗り越えて商いを営み続けている。確かに欧州などと比べれば、外国からの侵略を受けづらい島国という地理的環境は、由緒ある企業を多く輩出する条件として恵まれていたかもしれない。

なお、日本が外敵の侵略により、滅亡の危機に晒されるほどの事件は、これまで13世紀の蒙古襲来と第二次世界大戦における敗戦の二度あった。

そして、その敗戦が日本という国の「集団」として成果を出す体質に、メスを入れることとなった。

それが、GHQによる「財閥解体」「農地解体」「家父長制解体」などであるが、以降も日本企業や日本人の働き方に対する批判や警鐘の多くは、「集団主義」(↑個人主義)に対するものだといってもよい。

日本型人事管理の本質とは何か?

日本の経済復興は、GHQの占領政策のもとで行われ、日本型人事管理も一定の方向性を見出していくわけであるが、その前段階である問題に触れておかなければならない。

江戸時代には身分「差別」があった。その後明治維新が起こり、日本人は表向き身分から解放されたのだが、その後も区別は残った。

戦前の日本、大企業には社内に階級的な区分が存在していた。それはホワイトカラー系（職員）とブルーカラー系（工員）の区別だ。これを「職工身分制」などと呼んだ。

職員と工員では、使えるトイレや売店なども区別され、売店で売られている品目にも差がつけられていたという。それもそのはず、当時、旧制大学を卒業して職員として入社した新入社員の初任給は、50代の熟練工員の3倍以上だったのである。

だが、彼らはその身分に関係なく、いずれも戦争という大きな渦に引きずり込まれていく。

職員も工員も戦時中、皆が貧しく飢えるという「苦しさ」を体験した。その「苦しさ」という経験を共有していたからこそ、その後の過激な労働争議、階級闘争を経つつ、最終的には労使ともに歩み寄りを見せるに至ったのだ。

この労使協調路線の中で出てきたのが、経営側が労働者側に経営への参画権を用意したことであり、それこそが日本型人事管理の根幹にある「誰でも階段を上れる」権利だったのである。

当初それは、「青空の見える労務管理」（日本鋼管専務だった折井日向氏の言葉）などと呼ばれました。工員出身でも経験を経て能力を認められればホワイトカラーに転換されることができ、そこから有能者はさらに抜擢されていく、という仕組みを指します。

出典：海老原嗣生・荻野進介『人事の成り立ち』白桃書房、P.39

いま日本が欧米のような階級社会でないのは、このような経緯があったからだ。そして階級を設けないための施策として、日本型人事管理がひと役もふた役も買ってきたのである。ポイントは「ともに同じ貧しさや飢えに苦しんだ」ことであり、もうあの頃には戻りたくないという切実な思い、断固とした決意だろう。

ここで欧米型との違いが鮮明になる。日本型人事管理は階級を前提としていないのに対し、欧米型人事管理は階級を前提としているということだ（より繊細な表現を使うとすれば、日本型は階級ではなく区別に配慮し、これを緩和しようとするものである)。

ちなみに、人事管理の仕組みとして戦後すぐに採用されたのは、貧しさや飢えをしのぐため「まずは食える賃金を」というかけ声のもと、労働組合の手で作成された電産型賃金体系である。

電産型賃金体系とは、日本電気産業労働組合(電産)の前身である日本電気産業労働組合協議会(電産協)が、1946年の産別十月闘争(第二次世界大戦後数年間の「組合攻勢期」の頂点をなす争議の一つ)において獲得した体系であり、その後の約10年間、日本の最も代表的な賃金体系として広く普及した。

当該賃金体系は大きく3つの要素を満たすものである。

賃金の決定要素を勤続年数や家族数などの客観的指標に求め、経営者による査定権の介入を排したこと(年功的平等主義)

賃金の約80%を(生活保障給)で充当するように構成し、企業の生産性に左右されな

い最低生活を保障したこと（生活給思想）
企業の枠をこえて同一産業労働者の生活保障を志向したこと（産業別横断賃金論）
出典：『世界大百科事典 第2版』平凡社

このように、戦後の日本型人事管理の大枠は、「青空の見える労務管理」、年功的平等主義、生活給思想というキーワードとともに定められたのである。

これらは「働かない技術」を考える上で、時代錯誤な過去の遺物に見えるかもしれないが、これらのすべてを単純に捨て去り、欧米型の人事管理に追随することで待っていること、それは、「オキュパイ・ウォールストリート（OWS＝ウォールストリートを占拠せよ）」と叫ばれたような所得格差である。

アメリカでは、上位1％の富裕層が国の資産の大部分を所有している。日本も同じような社会になる。

できる人材が残業体質になりやすい宿命

では、なぜ日本企業で働く社員は残業体質になるのか、職場のあるあるで考えてみたい。欧米企業、日本企業を問わず、ある一定の規模を超えた会社には、資格等級というものがある（その内容が、能力なのか仕事なのかというようなことは問わない）。

そこにはマネジャー職に相当する等級があるだろうし、スタッフ職に相当する等級があるだろう。

たとえば、突然スタッフ職に空きが出た場合、「ジョブ型」の場合は、すぐに求人を出すか、派遣社員などを雇って仕事の穴を埋めようとする。

その時、同じ職場のマネジャー職は、人事とも連携して欠員の補充には関与するが、スタッフ職の穴を埋めるべく、自らスタッフ職の仕事を手がけることはまずない。だが、「メンバーシップ型」の場合はそれがある。

そして「メンバーシップ型」の場合は、目先の仕事に慣れると次のもう少し難しい仕事という風に、常にストレッチすることが求められる。

一部のできる人材は、上位等級の仕事を任されることもザラにあるので、常につま先立ちで仕事をすることになり、それが残業体質につながるのである。

実際、好不況を乗り越えてきた企業組織は、人員構成もいびつであることが多い。そのため、上が下の仕事をする、下が上の仕事をすることなど当たり前なのだ。

同じ等級の社員なのに仕事のレベルが違うのはなぜ？

またこのような運用は、評価の納得感を阻害する要因にもなっている。同じ等級なのに、Aさんはレベルの低い仕事に悪戦苦闘している（やはり残業が多い）。かたやBさんは上位等級レベルの難しい仕事をしている。これでAさんとBさんの間に明快な評価の差がつけば良いのであるが、そういう評価運用をしていない企業も多いし、仕事の与え方も彼ら・彼女らの上司が裁量している場合が多い。

ただ、年次評価ではそれほど差がつかなくても、人事部はその辺りをよく見ていて、上層部と相談しながら高業績者Bさんを次にどこに配置し、研鑽を積ませながら引き上げていくかを画策しているのである。

これが「青空の見える労務管理」「誰でも階段を上れる」の実態である。

しかしながら、身分「差別」や当時の学歴という本人の努力ではいかんともしがたい「区別」はなくしたが、本人の企業人としての「能力」には差が出るはずだから「誰もが階段を上れる」ことはあり得ないはずである。

だが、日本の高度経済成長による企業の拡大を支える人事管理の仕組み、職能資格制度がそれを可能にしたのだ。

日本の残業体質は人事制度に端を発する

なぜ、日本企業が残業体質になるのか、ここでいったん整理したい。

欧米型の職務給とは職種と等級のマトリクス上にあるポストの職務範囲を記述した職務記述書（ジョブ・ディスクリプション）の内容に対して報酬を支払う。

日本型の職能給とは同じくマトリクス上にあるポストの職務を分析し、その遂行能力に対して報酬を支払う。

職務給は、ポストで求められる職務に対する報酬の支払い契約だから、職務そのものを会社側が勝手に変更することは許されないし、変更するのであれば、本人の同意と再契約が必要である。

一方の求職者も、そのポストと職務を求めてエントリーしたわけであるから、会社側が違うポストと職務の提示をしたら、普通はその会社を辞めていくだろう。

これに対して職能給は、ポストで求められる職務の遂行能力に対する報酬の支払い契約であるため、ポストが求める職務に比べて、会社の裁量により能力の範囲を自由に設定できる。

したがって、当該能力をもって遂行してもらう職務内容も、会社側がある程度自由に変更しても契約違反にはならない。

たとえば、営業部長というポストが求める職務範囲は極めて限定的だし、ポストを動かすことも難しくなるが、営業部長という職務を遂行する能力となった際、営業と部長の遂行能力を分解してしまえば、ポストを異動させて、足りない能力は異動先でキャッチアップすることも可能となる。

営業部長を経営企画部長に異動させる場合、すでに部長を遂行する能力はあるから、後は経営企画の遂行能力を職場の負担でキャッチアップさせればよいという具合だ。

同じことはバブルがはじけて以降、日本企業がこぞって導入した成果主義人事制度でも言える。当時の日本企業は、部長や課長などの役職には就かずとも、職務遂行能力があるからと昇格させ、給料を上げてしまった人材の人件費が、それでなくとも低迷する企業業績を圧迫したのだ。

そんな最中に導入された成果主義では、職能給を撤廃して、もしくは併用して職務給を導入するかと思えば、そうはならず役割給という新たな概念を導入した。

役割給とは、それまでの職種や等級のマトリクスに必ずしもとらわれず、経営戦略上の重要度、影響度、難易度などの観点から成果の期待値を定め、（多くは等級化したものに）報酬を支払う。そして期末に期待値と実績値のギャップを評価する仕組みだ。

だが、この仕組みも日本企業の残業体質を是正することはなく、かえって助長することになった。

役割給（成果の期待値）は、その成果を実現するために「何を」「どうするか」は社員に委ねている。だから前任者の職務をゼロベースから見直すことも許されるし、期待される成果が出そうになければそうせざるを得ない。

そんな次第で、相変わらず職務は限定されないばかりか、ますます流動的・変動的になり、かつ経営サイドも業績が上がるのであればと、社員を積極的に異動させるインセンティブが働くようになった。

ここで、残業体質を助長する要因をいったんまとめる。

「青空の見える労務管理」は、身分差別や区別を経て、貧しさや飢えという同じ苦しみを味わった日本人が到達したひとつの結論だった。この結論でなければ、日本は欧米のような階級社会になっていたことだろう。だが日本は、階級社会を選択しなかった。

そして、「差別」や「区別」のない人事管理を実現する手段が「誰でも階段を上れる」だったのである。

だが、職能給であろうと役割給であろうと、階段を上がるためには常にストレッチが求められるため、職務の範囲が限定されておらず、企業の裁量により自由に職種やポストを異動させられる人事管理では、残業体質を改善するのは難しいということなのだ。

リストラの憂き目にあうミドル層

ここまで読み進めていただいた読者であれば、容易に推察していただけるだろう。

ポストというのは、市場環境と組織が決めるため、会社が急成長していれば、どんどん増えていくし、業績が悪化すれば下手をするとリストラされてしまうことがある。

それに対して日本企業は、ポストが与えられたら活躍できるだろう能力で階段を設けて、一定の条件をクリアすれば昇格する仕組みを採用してきた。

この人事管理は、会社の成長が人件費の上昇を上回っている間は機能するが、会社の成長が鈍化し、人件費の上昇を下回るようになると、人件費が会社業績に甚大な悪影響を及ぼすようになる。

それに、職能資格制度の生みの親・楠田丘氏がその著書で指南されている精緻な職務分析をすることとなく職務遂行能力を定義し、職能だ、職能だと運用していた会社もあった。

その結果、バブルがはじけて各社の人件費の高さ、そしていったん引き上げてしまった給料を引き下げることが難しいこと（下方硬直性）が問題視される中で、職能では給料を引き下げることができなかった。

なぜなら職能は、会社がその保有を評価して昇格・昇給させたのだから、当該能力が会社に貢献していないからといって、安易に降格・降給させては論理的な整合性がとれないということだ。

それでも、背に腹は代えられない日本企業は、アメリカから成果主義とコンピテンシー（発揮能力）を輸入する。

多くの日本企業は、コンサルティング会社と協業して、成果主義型の人事制度を設計・導入し、以降、社員に会社業績をブレイクダウンした個人成果を求めるようになったのである。それからだ、なんの重要なポストにも就いていないのに、給料ばかりが高い一部のミドル層が、リストラの憂き目にあうようになったのは。

会社側としても、社員を評価するロジックを変えたことで、社員をリストラしやすくなった。

その新たなロジックとは、会社や組織への明快な貢献をもって評価するということだ。

時代錯誤な人事管理がブラック企業の温床に

ちなみに、日本の人事管理は、職能資格制度とともに複線型人事を採用した。

それはいわゆる部長や課長などのライン長と同格の専門職が並存するという人事管理である。

ラインの部長や課長はその数が限られており、単線型人事だと職能の論理で昇格させてもポストがない。だから専門職という肩書き、もしくはポストを作ったのだ。

だが、実際のところ、専門職のルートをたどる昇格者の「専門性」も心もとないものだった。

会社によっては、専門職ルートは、ライン長ではない管理職ぐらいの位置づけで、それ以上の積極的な意味合いはなかったのだ。

それでも「誰でも階段を上れる」ことができるよう、腐心して肩書きを作ったのである。だが現在では、そのような会社の苦慮にもメスが入りつつある。専門性という複線区分の定義を厳密化する企業がますます増えてきており、階段を上らせるために肩書きやポストを用意するというのは、もはや時代錯誤と見るべきであろう。

だが、その時代錯誤をなんとか維持しようとして、企業が目をつけたのが雇用区分による区別だ。雇用区分とは正社員、派遣社員、パート・アルバイトなど、雇用形態の違いによる区分である。一時、「派遣切り」という言葉が社会問題化したが、派遣社員を切ることでなんとか正社員の雇用を維持しようとしたのである。

それだけではない。この時代錯誤な人事管理を悪用したのがブラック企業だ。

「誰でも階段を上れる」「皆、将来の幹部候補社員」と喧伝して、過酷なノルマや残業を強いたのだ。

パワハラ相談が増え続けている本当の理由

労働基準監督署に寄せられるパワハラの相談件数は7万件を超え、ますます増え続けている。その理由のひとつは、職務給をとらない日本の人事管理によるものだと筆者は考える。それはすなわち、「職務を限定しない」「職種や勤務地、ポストを限定しない」そして「階段を上がるための恒常的なストレッチ」である。

これは要するに、たとえば部下の育成や活用に関して、上司が裁量する余地が大きいということなのだ。同じ上司と部下の立場でも、相応の技量をもった者同士が、それぞれ職務記述書に書かれた内容を、より効率的に行うよう努めるだけであれば、パワハラのような軋轢《あつれき》が生まれる状況も少なくなる。

かつて筆者は、パワハラが起こる3つの条件をこう整理した。

その3つの条件とは、被害者（部下）に対する加害者（上司や先輩）の、

- 役割や権限、また責任など関係性が曖昧であること
- その行為に教育のためなど大義名分が立つこと
- その行為が比較的隠しやすいこと

出典：新井健一著『いらない課長、すごい課長』日経プレミアシリーズ

日本人の働き方は、これを独善的にとらえたり、確信犯的に悪用すれば、教育的指導という名のもとに、いくらでも部下を追い込むことができてしまうのだ。

だからこそ、パワハラ防止義務法制化が急がれるのである。

部下の仕事を判断しないというパワハラ

ちなみに、この3つの条件を満たすパワハラは、積極的に相手に圧力をかけるタイプのものだが、ハラスメントには別の方向性もある。

上司が部下の仕事について、

■判断しない
■承認しない

これらが直接パワハラに含まれるか否かは分からないが、このような上司の態度が、相対する部下を疲弊させるのは間違いないだろう。

上司は部下の仕事を判断しなければ、判断ミスを指摘されることも、責任を追及されることもない。このような上司は、判断するための情報が十分ではない、前例がないなど、あらゆる難癖をつけて判断から逃げ回るのだ。

また、部下の仕事を承認さえしなければ責任を負う必要もないと考えている上司もいる。そして部下の仕事がうまくいけば「黙認の手柄」を主張するし、失敗すれば「部下が勝手にやったこと」である。いずれにせよ、このような上司は、その仕事の結果を確認してから賛否を表明する。

なお、そんな上司の多くは、成果主義に少し遅れて日本に入ってきたリスクマネジメントという経営手法を好む。リスクという言葉を口にしておけば、自分の主張は正当化され、誰かがリスクをとって失敗すれば「それ見たことか」と、自分の賢明さをますます主張できるからだ。

ちなみに彼らは、モノゴトを判断しないで放置しておくリスクには無頓着だし、「リスクをゼロにするために、本当は何もしたくない」と腹の底では本気で考えている。

このような上司が一部で蔓延《はびこ》るのも、責任の所在を曖昧にしようとする日本人の働き方に原因がある。

全社員「派遣社員化」の合理性

これまでみてきた通り、日本企業の人事管理には課題が多い。なぜ、職務給をベースとした人事管理を採用しないのだという読者もいるだろう。

ではここで、職務給による人事管理の課題について触れてみたい。

職務給による人事管理の課題は、日本型のそれに比べて人材配置が硬直的で、柔軟性に欠くということだ。

社員の仕事は、職務記述書に書かれた範囲に限定され、かつ契約で特別な取り決めをしない限り、職種や働く場所、ポストは固定されている。

そのため、ポストに欠員が出た場合、外部から新たな人材を調達してこなければならないが、すぐに調達することが難しい場合は、当面、社内の誰かがそのポストを兼務することになる。アメリカなどの場合は、ディレクターになるまでに、兼務を相当数こなしてきた人材も多い。

また、社員はポストに付与された職責の範囲で、個人が判断・承認し、その責任を負う。そのため、日本企業のように集団で意思決定し、集団で責任を受容する組織と比べると、個人にかかる負担が大きく、その結果として思い切った判断ができないということもあるだろう。

では、職務給による人事管理を日本企業に導入するとどうなるか？
誤解を恐れずに言えば、正社員も含めてすべての社員が「派遣社員化」するということだ。新卒一括採用と異なり、派遣社員採用では、会社側もあらかじめ職務の範囲を定めて求人を出し、即戦力となる人材を雇い入れる。
そして企業業績が悪化すれば、雇い止め（＝解雇）されることもある。それが職務給型の人事管理なのであり、たとえば雇用関係の清算という意味では、企業は柔軟な対応が可能になると言える。

人事管理はどうあるべきか、どうあってほしいか、これに対する思いは人それぞれだろう。

ただし、日本人の働き方を統計数値で見てみると、日本は終身雇用だと言われ、それが崩壊したと言われた1976〜2000年、そしてそれから2018年に至るまで、微増ながら平均勤続年数は伸び続けている(図7)。

海外エリートはなぜ山手線に乗ると驚くのか

また、経済合理性を追求する海外のエグゼクティブが、日本にきて驚嘆する日本人の働き方とその成果にも目を向けるべきだろう。

海外のエグゼクティブが日本にやってきてまず驚くのは、東京駅に発着する新幹線の運行密度だ。それでいて、その運行の定時性(定時プラスマイナス1分以内の定時運行率は95%)、安全性(開業以来、死傷事故なし)は世界に類がない。

それを可能にするのは、日本の技術力はもちろん、日々の運行を支えるクリンネスであ

図7　平均勤続年数はそれでも伸び続けている

平均勤続年数 1976～2018年

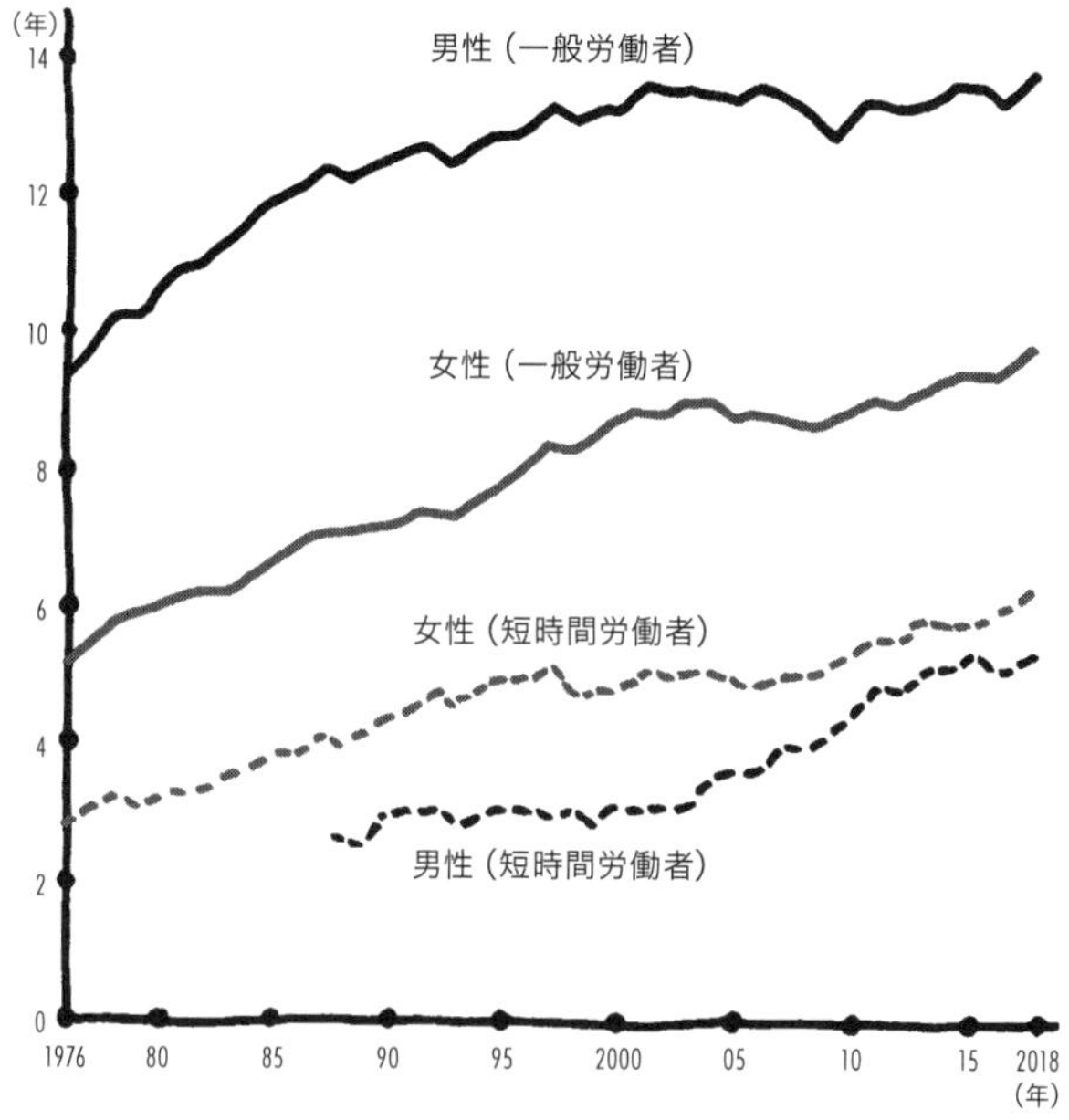

資料出所：厚生労働省「賃金構造基本統計調査」
注1）産業計、企業規模計、学歴計、年齢階級計の平均勤続年数
注2）男性短時間労働者の勤続年数は1988年から調査
出所：労働政策研究・研修機構「早わかり グラフでみる長期労働統計」

る。

特に停車した新幹線が次に発車するまで、その時間はたったの13分、うち車内清掃に充てられる時間はたったの7分である。

そんな過酷な状況で、車内清掃を請け負うのは、ＪＲ東日本テクノハートＴＥＳＳＥＩ、通称「テッセイ」である。テッセイの清掃はセブンミニッツ・ミラクルと呼ばれ、ハーバードビジネススクールのケーススタディ教材にもなっている。

そして海外のエグゼクティブが次に驚くのが、山手線の運行密度なのである。

ちなみに、令和２（２０２０）年春、ＪＲ山手線の田町、品川駅間に新たな駅が誕生する。山手線に新駅ができるのはおおよそ50年ぶりで、山手線における30番目の駅は「高輪ゲートウェイ駅」と名付けられた。

その山手線の運行密度維持には、日本人の国民性がひと役買っているのだ。

これは「降りる人が先、乗る人が後」というルールの順守である。海外では車両への乗り方について統制がとれず、結果として山手線のように運行密度を上げることができない。

そこで、経済合理性を追求するのであれば、日本人の国民性（集団の規律を大事にする、譲り合う）に学ぶところ多しということなのである。

いま、日本が単純に職務給に飛びついたら、日本人や日本企業の強みは雲散霧消してしまうだろう。

だが、一方で日本型人事管理の制度疲労も否めない。

では、どうするか？　これを次章以降で見ていく。

第4章

「働きすぎる」ミドルの末路

SCENE 4

どこからが「パワハラ」なのか

人事部・矢島担当課長は、人事制度改定プロジェクトに加えて、新たに採用業務も任されるようになり、ますます忙しい毎日を送っていた。

そんな彼を、喜多川が呼び止めたのは、来年度の新卒一次採用面接を終えて、自席に戻ろうとしている時だった。喜多川は中途入社で経営企画部に配属された、矢島の同期、山本の部下である。

「矢島さん、ちょっとお時間をいただけませんか？」

矢島はくたくただったし、明日の準備もあるのに……と口から出そうな気持ちをぐっとこらえて、相談に応じることにした。

「どうですか？　職場には慣れましたか？　忙しい？」

ここは小さな打ち合わせスペース。彼女は下を向いたまま、何もしゃべらなかった。

「まいったな……」そう思いながら、たまった仕事が気がかりで、持ち歩いていたノートＰＣを開きたくなった。

「あの……わたし……山本課長から仕事を振ってもらえてないんですけど、それってパワハラじゃないですか？」

ＰＣを開きかけた矢島の手が止まった。

後日

「彼女に任せる仕事はない。少なくとも俺が抱えている大事な仕事は任せられない。お前も分かってるだろ？　うちは経営企画部だ。データの集計ひとつとっても間違いは許されない。なのに彼女はエクセルの扱いすら、ままならないんだ。それに彼女は、相談もせずに勝手に作業を進めて、蓋を開けてみれば全部間違えてたよ！　勘弁してくれよ、こっちは時間がないんだからさ！」

山本はＰＣの画面をにらんだまま、矢島の顔を見ようともせず、吐き捨てるように言った。

「……確かにそうかもしれないけど、喜多川さんはお前の部下だし、育ててやってくれよ」

「そもそもスペックの合わない奴を採用して、うちに押し付けるなよ」

矢島はなんとか会話の糸口を探ろうとしたが、取り付く島もなかった。

矢島は、同期のやや偏っているかもしれない部下指導に対する上司への相談を、いったんは躊躇したが、喜多川を放っておくこともできないので、意を決して出張中の人事部長にメールを打った。

旭川部長は、山本や自分のように最年少クラスで課長になった後、海外で新規事業の立ち上げや既存工場のテコ入れを行い、今年の定期異動で、執行役員 管理本部 人事部長に抜擢された我が社のエリートである。

シンガポールにいるはずの部長からすぐに電話があった。速やかにテレカン（遠隔会議）をしたいということで、時間のおおよその指定があった。

矢島はすぐに会議室の準備をして、その時を待った。

「矢島さん、メールの内容の要点を、もう一度あなたの言葉で教えてください」

矢島は、同期の山本課長が部下の喜多川に対して、厚生労働省が示すパワハラのガイドライン「職場内の優位性を背景に、業務の適正な範囲を超えて、精神的・身体的苦痛を与える又は職場環境を悪化させる行為」をしているのではないか。より具体的には、同省が示しているパワハラ６類型のうち、「過小な要求」に該当しているのではないかと話した。

矢島の話を聞き終えた旭川部長が口を開いた。

「我が社における『過小な要求』ってなんですか？　どの範囲ですか？」

「えっ、我が社の？」矢島は言葉に窮した。

「もしコンセンサスがとれていないのであれば、まずは管理職が話し合ってガイドラインの素案を出しましょう。それから組合に提示して、すり合わせてください。それを我が社の公式なガイドラインにしましょう」

これまで「業務の適正な範囲を超えて」を、具体的に我が社に当てはめて考えてみたことなどなかったから、戸惑ってしまった。

それを見て取った旭川部長はこう言った。

「矢島さん、業務の適正な範囲の指導って、たとえばカスタマー（顧客）やエンプロイー（社員）の人命を預かる立場か、そうでないかによって違うはずですよね」

矢島は、自分の仕事の詰めの甘さを痛感しながら、全社的に早急に対策を打つ話をして次の言葉を待った。

「それと、山本さんと矢島さんは、最年少で課長になったんですよね」

はい、そうです部長と同じです、と内心認めてもらえたようでうれしかった。

「では、課長になったら捨てなければいけないものと、必死で身に付けなければならないものを考えておいてください」

部長はそう言って、テレカンを強制終了した。

「時間でなんとかする働き方」はＭＡＸ３年で卒業する

まずは、「時間でなんとかする働き方」で人は成長できるか？　という問いに答えることからはじめたい。

「量は質を生む」

これは、かつて上司から教わった言葉であり、筆者もそう認めている。

したがって、基礎的な実務は、誰でも数をこなすことで経験効果が表れ、品質を高めながらより効率的に遂行できるようになるだろう。

そのため、新人や若手社員の時には、どうしてもある程度の時間というものが必要となるが、長時間労働はやはり個人の精神や身体に悪影響を与えるので、上司は「仕事の与え方」を工夫する必要がある。

与える仕事の仕様をきちんと決めておく
覚えてもらう仕事の順番を見直しておく
定期的に業務の改善機会を一緒に考える

そして、それでも時間内に仕事が終わらないようであれば、階段を上がるためのストレッチをいったんストップするか、少なくとも一定期間はポストの異動などをさせないことだろう。

そして、基礎的な実務能力を育むための「時間でなんとかする働き方」は、最長3年で卒業しなければならない。

引き続き日本型の人事管理を前提とした場合、階段を上がるためのストレッチ、ポストの異動などにより「時間でなんとかする働き方」が助長されがちであるが、仮に職務の範囲限定、ポスト固定であれば、もう実務担当者としては中堅かベテランの域に達しているはずだ。

もし3年経っても、まだ時間でなんとかしようとしていたとしたら、残念ながらその仕事には向いていないと判断すべきだ。

ちなみに、仕事を最も効率的に進めるための優先順位づけだが、縦軸に「重要度」、横軸に「緊急度」をとった際、最優先すべきは「重要度」「緊急度」ともに高い業務である。

これは衆目の一致するところだが、では二番目に優先すべき業務は次のうちどれだろうか(図8)。

図8　どちらから最初に手をつける?

仕事の優先順位づけ、考え方

仕事の優先順位づけには、
「重要度」と「緊急度」の観点がある。

↓

優先順位❷と❸はそれぞれどちらか?

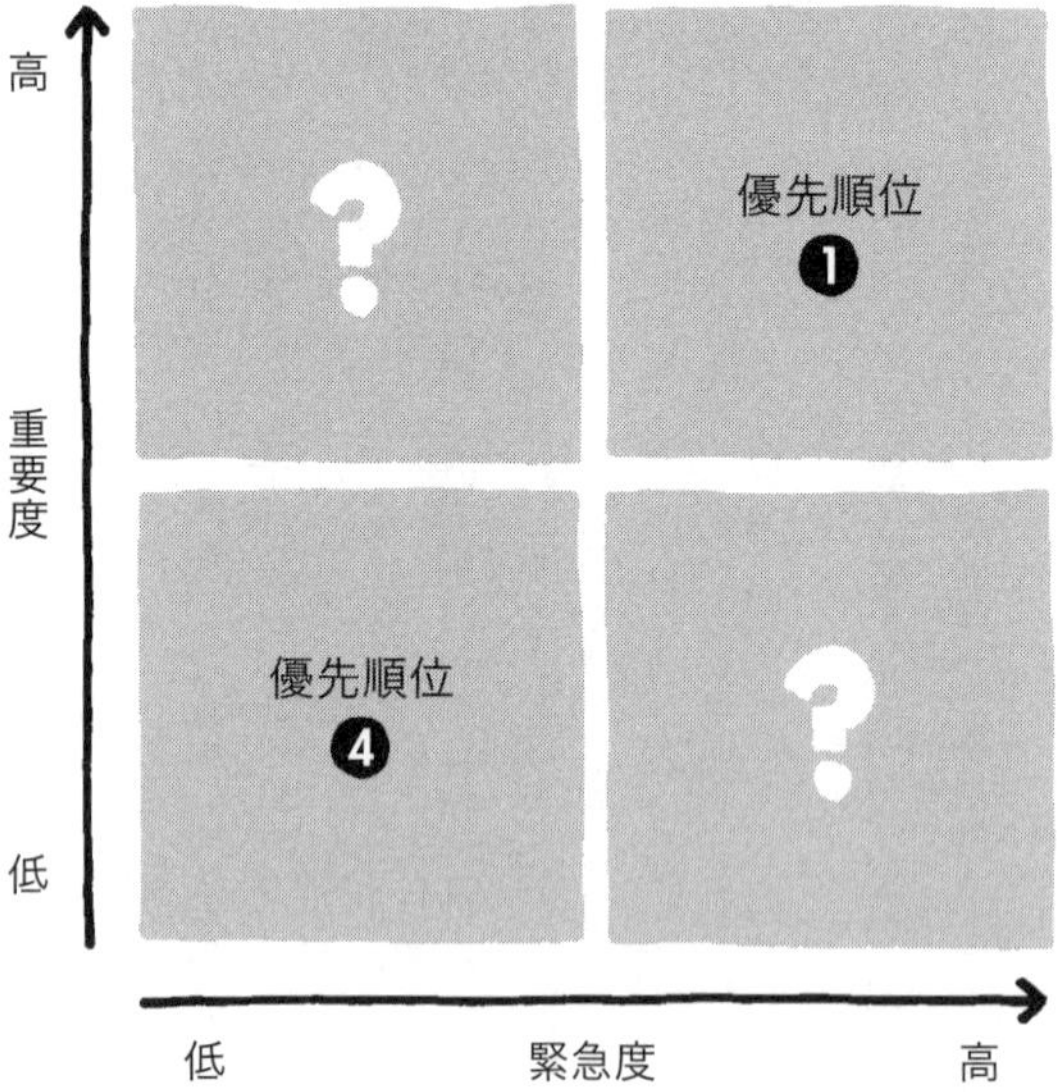

「重要度」が高く、「緊急度」は低い業務
「重要度」が低く、「緊急度」は高い業務

（答え）「重要度」が高く、「緊急度」は低い業務

二番目に優先順位が高いのは、「重要度」が高く、「緊急度」は低い業務である。なぜならこの範疇に属する業務は、取りかかると重たいが「緊急度」が低いために、後回しにされがちだからだ。

そうして、いつの間にか納期が迫り、一番優先順位が高い業務に格上げされる。

このような業務を一番よくコントロールしなければ、「時間でなんとかする働き方」から脱することはできないし、仮に当該人材が管理職になれたとしても、ダメな管理職になりやすい。

それは、管理職としての職場マネジメントが、目先の緊急度や経過に振り回され、成果や

働き方「改革」につながる重要な業務に、いつまでも着手できないからである。

そして、そんな管理職に限って、自分で仕事を抱え込み、いずれは社内事情に明るいことしかアピールポイントのないガラパゴス人材になっていくのだ。

ガラパゴス人材とは、筆者が繰り返し警鐘を鳴らす「含み損人材」である（詳しくは拙著『いらない課長、すごい課長』をご参照されたい）。

これほど企業を取り巻く経営環境が激変し、世代を超えて一緒に働くメンバーの価値観も変わりゆく中で、社内事情にまつわる余計な知識ばかりにしがみ付き、生産性にも成果にも貢献しないガラパゴス人材には、速やかに退場願うしかない。

管理職は2つの道に分かれるようになる

一般社員はもちろん、管理職の働き方は、今後大きく2つに分かれると考える。

ただし、管理職になるまでにＭＢＡを取得するか、それと同程度の知識を習得しておくことが必須条件となるだろう。

そしてそこから先は、同じ管理職でも、「職務給概念による欧米型人事管理」と、「役割給概念による日本型人事管理」の適用を受ける人材に、分かれるものと思われる。

職務給概念とは、職務範囲が限定され、ポストも固定されている人事管理を指し、役割給概念とは、職務範囲が限定されておらず、ポストも固定されていない人事管理を指す。

そのような人事管理は、新卒採用時もしくは上司から管理職へのプロモーション（昇進）を打診される前までに、企業と社員の契約により取り決められることになるだろう。なお、管理職への昇格、それは「勝ち取る」という意味においては、いまでも当該企業におけるキャリアの最高峰に向かうことであるため、当然、一部の人材しか管理職にはなれない。

その現実を企業も社員も直視すれば、今後は「誰もが階段を上れる」という幻想を抱かなくなるだろうし、企業はそのような幻想をもって、社員にストレッチや異動を強いることがなくなると思われる。

では、職務給による人事管理下にある管理職は、どのような評価基準の適用を受けるのだろうか。

まず、彼らを管理職と呼ぶのはそぐわなくなる。彼らの職務は職場や組織を管理することではないからだ。彼らに求められるのは、経営企画や広報、営業というポスト、職務の範囲内でその専門性を発揮することである。

なお、当該専門性は、個人の能力や経験値に差はあれ、概ね汎用的な知識やスキルから構成されているため、市場から調達することが可能である。

したがって企業によっては、特定のポストを外注するということもあり得るし、当該社員も自らの市場価値を見極めながら、転職していくことになるだろう。

次に役割給による人事管理下にある管理職は、どのような評価基準の適用を受けるのだろう。

彼らは文字通りの管理職であり、その仕事は大きく3つである。

部門構想の確立
部門の掌握と責任の受容
経営資源の確保と人材育成

この3つは、多くの企業の新任管理職研修で解説される、いわば管理職にとっては当たり前の仕事である。だが、今後、職務給による人事管理下の社員は、たとえ管理職相当のポストであってもこのような役割を担わないし、そんな研修を受けることもなくなるだろう。

まず「部門構想の確立」であるが、管理職はリーダーである。

リーダーはメンバー（部下）に進むべき方向性（努力すべき重点事項）を指し示す必要がある。これは単なる思い付きであってはならず、また部下が納得し、彼らを動機づけるものでなければならない。

次に「部門の掌握と責任の受容」であるが、管理職は管理者である。

自部門で生じた問題について、第一義的には自分が責任を負う覚悟が求められる。

問題は何より未然に防止することが重要であり、そのためには、様々な業務改革が求められる。また、起きてしまったトラブルには迅速に対処し、現状を回復、改善しなければならない。なお、部門の問題を速やかに解決するためには、部下とその担当業務をしっかり掌握しておく必要がある。

最後に「経営資源の確保と人材育成」であるが、管理職は指導者である。

人・モノ・金・情報の中で最も重要な経営資源である人材の確保に責任を負っている。だが、最初から満足のいく人材をあてがわれることはあり得ないだろう。

また、せっかく育てた部下を異動で奪われることも生じる（だが、今後のハイブリッドな人事管理下では減っていくだろう）。それでも、部下を育てなければならないという使命の自覚と、自分が実現したい部門経営に必要な人材は、自分で育てるのだという覚悟をもつ必要がある。

なお、このタイプの管理職に求められるマネジメントとリーダーシップの違いを整理しておく（図9）。

管理職にはどちらも必要だが、昨今の経営環境下では特に、未来に向けた方向づけ、活性

図9 「部下を管理する」と「部下を育てる」を両立させる

マネジメントとリーダーシップの違い

マネジメント	影響力の行使	リーダーシップ
統制と管理	狙い	方向づけ、活性化
いま	視野	未来
何を、どうやるのか?	力点	なぜやるのか?
分析的	思考	概念的
プラン	手段	ビジョン
地位、権限	根拠	信頼性
指示命令、指導、評価、賞罰	仕方	対話、啓発、動機づけ

↘ 本来はどちらも必要! ↙
だが、得手不得手はある

化、そしてそのための現状認識が特に求められると筆者は認識している。

役割給型管理職に求められる3つのスキル

ちなみに、このタイプの管理職を目指すのであれば、あらかじめ押さえておきたい心構えやスキルも3つ挙げておく。

管理職とは何者なのかの理解
チーム をまとめ上げるためのスキル
危険を回避するためのスキル

まずこのタイプの「管理職とは何者なのかの理解」であるが、昇格してから「管理職とは何か」に気づくのでは遅すぎる。「管理職になりたい」という希望は、同時に管理職の職責や、それを果たすための覚悟に裏打ちされていなければならない。

当該役職は、「業務命令権限」「決裁権限」および「人事考課権限」などの強力な権限を行使できる立場だが、一方で完全無欠の超人ではなく、悩みながら職責を果たしていかなければならない存在であることを理解し、その職位に就く覚悟を決める必要がある。

次に「チームをまとめ上げるためのスキル」であるが、単なる人の寄せ集めでは、チームとしての機能は発揮できない。そのため、職場を単なる人の寄せ集めから、有機的に相互作用する活性度の高いチームに変えていく必要がある。

また、その裏返しであるが、管理職昇格と同時に部下から値踏みされる存在になることも自覚する必要がある。よってリーダーシップやチームビルディングのスキルは、昇格と同時に発揮されなければならず、そのためには「管理職になったら、これをやりたい」という抱負を事前に準備しておくことだ。

最後に「危険を回避するためのスキル」であるが、管理職は法的責任を負う立場である。管理職の不用意な発言や指示命令は、取り返しのつかない問題に発展する恐れがある。

これらを回避するためには、管理職になった瞬間から、正しい労務管理のスキルを発揮しなければならない。特に労働法とメンタルヘルスの知識は必須と言えるため、先取りで学んでおかなければならないのだ。

会社を去る管理職と去らない管理職

なお、この2つの人事管理下における管理職は、これまでの担当課長とライン課長の区分、または複線型人事における技能職と技術職／専門職、そしてマネジャー職の区分と何が違うのだ？　と思われる読者もいるかもしれない。

職務給概念と役割給概念を折衷したハイブリッド型の人事管理では、同じ管理職であっても、異動が当たり前の役割給人材と異動のまったくない職務給人材がいる。

また役割給人材は、組織内部の論理で報酬が決まるのに対し、職務給人材は労働市場の論理で報酬が決まるから、役割給人材と報酬の水準も違う。また、営業、企画、広報など職種による市場価値の差が報酬に反映される。

役割給人材と職務給人材の離職率にも差が出るだろう。職務給人材の中には、自分の能力をより高く買ってくれる企業を見つけて転職していく者もいるし、それは珍しいことではなくなる。

そして、役割給人材が職務給人材に転換することはあるが、職務給人材が役割給人材に転換することはまずない。

働き方も異なるだろう。職務給人材の一部は、在籍する企業から業務委託という形で仕事を受けることもあるかもしれない。

いずれにせよ、皆で同じ階段をという幻想はいよいよなくなり、同期入社でもそれぞれ自分に合った働き方やキャリアを選択していくことになるのだ。

「減点主義」上司がこれから行き詰まる理由

管理職の役割として、組織の方向づけ、活性化、部下の動機づけ、人材育成などが挙げられるが、果たしてどれほどの管理職が、プロフェッショナルとしてこれらの役割に取り組んでいるだろうか。

よく管理職研修などで、「上司の態度や言動により『やる気になった経験』『やる気をそがれた経験』をそれぞれ書き出してください」というワークをやると、「やる気をそがれた経験」ばかりたくさん書けてしまう企業、受講者が比較的多い。また中には、どちらも書けないという企業、受講者もいる。その理由を聞くと、上司にやる気にさせてもらうなんて考えたことがなかったし、そんな配慮もなかったということだ。

それに日本企業における指導は、これまでどちらかと言えば「減点主義」「ダメ出し」「結果重視」「競争原理」「人格軽視」「聞き下手」「失敗を非難」する傾向が強く、それこそが厳しさであり、教育であると信じているミドル・シニア世代もまだいる。

だが、彼らは従業員満足（ES：Employee Satisfaction）が顧客満足（CS：Customer Satisfaction）や企業業績に与える影響力を知らないのだ。

これは平成28年3月に厚生労働省の委託事業として三菱UFJリサーチ&コンサルティングが提出した「今後の雇用政策の実施に向けた現状分析に関する調査研究事業報告書」で、企業の雇用管理の経営への効果、より具体的には「企業による労働条件や職場環境などの改善に向けた取り組みと、労働生産性や業績の向上との関連性」などを調査し、まとめている。

ちなみに、雇用管理・改善の取り組み（企業による労働条件や職場環境などの改善に向けた取り組み）とは、次の18項目を指す。

評価・キャリア支援

❶専任の人事担当者を設けている
❷働きぶりを評価し昇給や昇進に反映する仕組みがある
❸社員への人事評価結果とその理由をフィードバックしている
❹社員一人ひとりの育成計画を作成している
❺管理職の評価項目に人材育成への取り組みを含めている
❻正社員以外の従業員について働きぶりを評価する仕組みがある
❼正社員以外の従業員から正社員への登用制度がある
❽正社員以外の従業員に能力開発の機会がある

ワーク・ライフ・バランス、女性活用

❾全社的に残業削減に取り組んでいる
❿年次有給休暇の取得を促進している
⓫フレックスタイム制や短時間勤務制などの柔軟な労働時間制度を導入している
⓬在宅勤務、サテライトオフィスなど柔軟な勤務場所を設定している
⓭女性の採用拡大や登用促進など、ポジティブ・アクションを推進している

その他人材マネジメント

⓮朝礼や社員全体会議で会社のビジョンを共有している
⓯従業員の意見を吸い上げて改善・改革に結びつける仕組みがある
⓰職場の人間関係のトラブルを解決する仕組みがある
⓱新人に育成担当や相談者（メンター）をつけている
⓲社員が仕事や配属先の希望を出せる仕組みがある

図10 社員の満足は会社の業績アップにつながる

調査結果からのメッセージ

● 雇用管理改善の取り組みは、従業員の意欲・生産性向上や、業績向上・人材確保につながる

企業

● 経営においては、「従業員満足度」と「顧客満足度」の両方を重視するのが重要

● 雇用管理改善に、継続的に取り組むことが大事

行政

● 表彰・認定は、取り組みを推進する効果がある

出所：三菱UFJリサーチ&コンサルティング「今後の雇用政策の実施に向けた現状分析に関する調査研究事業報告書〜企業の雇用管理の経営への効果〜」（平成27年度厚生労働省委託事業）

そして調査結果からのメッセージは次のようなものであった（図10）。

「売上のため」「納期のため」と言う管理職のオワコン化

いまだに仕事は「目で見て盗め」「仕事は自分でとりに行け」「俺たちの若い頃は」などと理屈をつけて、人材育成に向き合おうとしない管理職がいる。

また、売上のためには、納期のためには、顧客のためにはと言って、平気で部下を使い倒そうとする管理職がいる。

また、いまどき世代にどう接してよい

か分からず、人材育成に及び腰になっている管理職がいる。

だが、先に示した報告書からも分かるように、「雇用管理改善の取り組みは、従業員の意欲・生産性向上や、業績向上・人材確保につながる」のである。

では、この取り組みを推進し、成果を出すのは誰か？

それが管理職であることは、言うまでもない。逆に、いくらプレイヤーとしての仕事ができても、部下を育成し、動機づけられなければ管理職ではないのだ。

もっと言えば、管理職の専門性は、人材育成にこそあると言っても決して過言ではない。

第5章

「職場脳」からの脱却

SCENE 5 管理職になったら捨てるべきもの

『喜多川 多実子 殿
平成××年4月1日付をもって、経営企画部　調査課勤務を解き、人事部　採用教育課への異動を命ずる。』

矢島ははじめて部下をもつことになった。

旭川人事部長が内々に経営企画部長と相談して決めた。経営企画部長も、喜多川が部内で活躍できていないことを知っており、渡りに船ということだった。なお、当面、経営企画部に人員を補充しなくても問題なしということで話がついた。山本担当課長がいれば、なんとか回せるだろうというのが部長の言い分だった。

そして4月1日の朝。始業時間となり、旭川部長の導きで着任の挨拶をした喜多川の顔に笑顔はなく、果たしてこれから採用教育業務を担えるのか、矢島は心配になった。

そして、それから1カ月が経ったある日、矢島は旭川部長に呼び出された。

「俺何かやらかしちゃったかな――」矢島はここ数日を振り返ったが、思い当たる節はなかった。それにしても……、

「なんで喜多川さんは、資料の作成ひとつ、報告ひとつとっても、あんなに改まるんだろう？　簡単な報告なんて、口頭で簡単に済ませてくれたらいいのに。わざわざA4の報告書なんて作る必要ないのに……。正直、丁寧すぎて遅い……、山本もイライラしただろうな」

会議室の予約は、旭川部長の名前で1時間とってあった。他の部長は、こんな雑用は若手社員に任せてしまうが、うちの部長は全部自分でやる。矢島は先に着いたので、下座に座って待っていると、しばらくして部長がやってきた。手には紙コップのお茶を2つもっていた。

置いた。


「すみません、気づきませんでした」

旭川部長は慌てて立ち上がろうとする矢島を「いいから」と制して、彼の前にお茶を置いた。

そうして部長は、矢島の目の前に座り、「喜多川さんの調子はどうですか？」と聞いた。

その話か——。

「そうですね、彼女は非常にまじめに、丁寧な仕事をしてくれています。ですが、やや丁寧すぎるというか、もう少し肩の力を抜いてもよいかな、というのが正直なところです」

「そうか、やはりそうですか。私も遠目で見ていて、なんとなく矢島さんと同じような感想をもったよ」

「やっぱり、そうですよね」やや声が大きくなった。

矢島は、自分の感想が旭川と同じであることに少しホッとした。やはりはじめてもつ部下ということで、矢島自身も緊張しているのかもしれない。

「それで、今後どうしていきましょうか？」

そう言いながら旭川がお茶をすすったので、矢島もお茶に口をつけた。

「そうですね、このままだとやはり作業効率が悪いので、もっと密にコミュニケーションをとるようにして――」

「それができるんだったら、もうとっくにそうしてたんじゃないですか？」

痛いところを突かれて、矢島は言葉につまってしまった。

「なんか、矢島さん、彼女から避けられてない？」

「えっ、わ、私、何もしてないですよ？」慌てて言うと、旭川は笑った。

「そんなこと、分かってますよ。だけど、あの様子だと、よっぽど何かあったんでしょうね」

「何か、ですか？」

「そうです。彼女が経営企画部にいた時、山本さんも『過小な要求』を反省して、相当苦労しながら彼女を使ってたみたいだけど、結局最後には、納期に間に合わせるために、彼が仕事を引き取ってやってたみたいだから。それに、アウトプットも極端な過品質か、品質未達を行ったり来たりしてたとも言ってたね」

それはうちでも同じだ。自分はとにかく、彼女と基本的な信頼関係を築けていないのがもどかしかった。

「そういえば、あれどうなりましたっけ？」

「あれ、って何ですか？」

「前にテレカンした時に宿題を出したじゃないですか。課長になったら捨てなければいけないものと、必死で身に付けなければならないものを考えておいてくださいって」

矢島は、旭川から出された宿題のことを、すっかり忘れていたことに焦った。旭川はそんな矢島の心中を見透かして笑った。

「おいおい、宿題を終えずにやり過ごすつもりか。これは目標管理シートに明記するくらい重要な宿題だ。2カ月後に評価の四半期レビュー面談があるから、その時に宿題の進捗を教えてください。それと、喜多川さんの件は、急がば回れ、言い方を変えれば、効率を追求したければ、非効率から入れです」

「では、よろしく」と、小さな会議室を出ていく痩身の旭川を見送りながら、「効率を追求したければ、非効率から入れ」という言葉が耳に残った。

それから2カ月後、喜多川のパフォーマンスは大して変わらなかった。だが、これについて旭川は矢島を咎めることはなかった。

次は半期の評価面談だった。さすがに、それまでに矢島が、喜多川のパフォーマンス改善にかかる指導の結果を出せなければ、自分の管理職としての評価も下がるだろうと覚悟した。

正直、なんで俺が？　という思いもある。これは後日談であるが、それほど彼女は、傍目から見ても重たい存在だったようだ。

そして、それから5カ月後、評価面談の時期がやってきた……。

役割給人材、職務給人材、それぞれの生き方

日本の企業人が、「働かない」ことができない要因のひとつに、日本型の人事管理があることはすでに述べた。

この要因は、日本企業の強みをなんとか維持しながらも、早晩カタチを変えていかざるを得ないだろう。

そして改革の方向性は、役割給人材と職務給人材、２つの人材タイプから構成するハイブリッド型人事管理だと筆者は考える。

まだ多くの日本企業は、経営幹部、経営者になるためには、いろいろな社内ポストを経験しなければならないという主張を曲げない。

だが今後、当該企業の生え抜き社員や、親会社からの出向者に適任がいない場合、株主が外部から招聘《しょうへい》したプロ経営者が、その手腕を振るうことも増えてくるだろう。

それはまさに、経営者というポストを担う職務給人材を、外部から調達することに他なら

ないのだ。

ここでもう一度、2つの人材タイプを整理すると、役割給人材は「職場のメンバーを育成し、働いてもらう」ことを第一義とし、職務給人材は「ポストに求められる職務の範囲内で自ら働く」ことを第一義とする。

日本の企業人は、確かに農耕型のメンタリティーもあるが、実際にあれもこれもとやりすぎていないだろうか。人が少ないから仕方がないという主張もあるだろうが、その一方で、皆が同じように多能工化しようとするから、そこには際限のない仕事が待っているし、働かないことができないのだとも言えないだろうか。

またこのことは、いまだに長時間労働をもって、上役に自分の仕事ぶりをアピールすることともつながる。

そこで、新たな人事管理の仕組みとして、役割給人材は人材育成のプロフェッショナル、職務給人材はそのポストのプロフェッショナルと仮置きしてみるとどうなるか。

自分で仕事を抱え込み、部下に振れない役割給人材・課長は、成果を出していない。

特定の職務範囲内で、効率的に仕事ができない職務給人材は、成果を出していない。

なお、ハイブリッド型の人事管理で、日本企業の強みを維持できるのか、それについては後述していく。

SCENE 6 部下の成長のために必要なこと

ここは、5カ月前に旭川と打ち合わせした同じ会議室だ。

旭川は満面の笑みを浮かべている。

「矢島さん、よくやってくれました。喜多川さんは見違えるようだね。他の部署でも評判になっているよ、もちろん良い意味でね。矢島さん、君は一体どんなマジックを使ったんですか」

「私はなにもしていません。以前にも簡単にお話ししましたが、情報システム室の石山さんがよく喜多川さんの面倒を見てくれたおかげです」

「君が、情報システム室の石山さんを彼女のメンターにしたいと言ってきたのは、ちょうど四半期レビューの後だったよね」

「そうです、やはり私では歳も離れているし、話しにくいだろうなと。それで歳が近くて同性の石山さんに相談してみたんです。そうしたら彼女が、メンターを買って出てくれました。彼女も同世代、同性の社員と話したくてウズウズしてたみたいです」

「それで具体的には、何してたんですか？」

「毎週１回、メールで業務日誌を交換するくらいで、後は何も。石山さんが私に気を遣ってＣＣを入れてくれてましたけど、私は一切介入しませんでした。

日誌の交換をはじめた頃は、期間を３カ月ぐらいで見込んでたんですが、二人がとても楽しそうだったし、私も二人のメールを読んでいろいろな面で勉強になったので、結局６カ月ぐらい続けました。続けるといっても、私はＣＣメールを読んでただけなんですけどね。

ただ一度、近く鍋でもつつきながら直接お話ししましょう、なんて盛り上がってたことがあったんで、その時ばかりは、では私がご馳走しますとメールを返しましたね」

「それで飲みに行ったんですか」

「行きました。給料日前できつかったですけど」

「なんだ、言ってくれたら私も出したのに」

「では、次回お願いします」

「君らが飲みに行くなんて、5カ月前には考えられなかったね」

「メールの文面を見ていて、彼女が明らかに変わりはじめたきっかけは、石山さんが当社のエゴサーチの結果を彼女に知らせてからだと思います」

「エゴサーチって、たしかネット上の当社の評判を定期的にリサーチすることですよね。何か書かれてましたか?」

「当社に面接に来た学生が、採用担当者の女性が自分のことをとても大事に扱ってくれた、丁寧に対応してくれたと書き込んでたんです。女性の採用担当者は、うちには喜多川さんしかいませんから、彼女にとって最高の賛辞ですよね」

「正直、ヤキモキしたんじゃありませんか?」

「それは、そうですね。正直、きつかったです。ですが、彼女が石山さんに返したメールを見て、自分が弱音を吐けないと思ったんですよ」

「えっ」

「彼女、新卒で入社した会社で、強烈なパワハラを受けたそうなんです。喜多川さんはあの通り、仕事が大好きですから、会社にいろいろな改善提案を持ちかけたそうなんですけど、前の上司がとにかく働きたくない、余計なことはしてくれるなということで、衝突したことがあったそうです。それ以来、部署のメンバーが全員集まるような会議で、名指しで叱責されたり、彼女が作成した資料をケチョンケチョンにけなした挙句、破り捨てたり……。もうさんざんだったそうです。それで彼女はこのままではメンタルが危ないと思って、転職してきたそうなんですけど」

「けど？」

「いまでも時々、その当時の場面がフラッシュバックして、身体が震えるそうです。そして、うちの上司にも、私のことですけど、同じことをされるのではないかと」

「なんとも可哀相に……。いまどきそんな輩がいるんだ。同じ年頃の子をもつ親としても怒りが込み上げてくるよ」

「そんな時、ある言葉と出合ったんです」

「言葉？」

「管理職の仕事とは、部下の成長のために『贅沢な無駄時間』を作り出すことである」

「ほー、それは良い言葉だね」

「それから、『贅沢な無駄時間』を捻出するために、自分の仕事はさっさと済ませるようにして、彼女の雑用を引き受けるようにしました。喜多川さんには、やりがいの感じられる重要な仕事をしてもらいたかったので」

「その仕事の振り方には同感するよ。私も雑用を部下にお願いしたくないんだ。しかし、矢島さんもどうやらひと皮むけたようだね」

「ありがとうございます！」

課長はますます職場のキーとなる？

人材育成の基本は、部下の仕事への習熟度により、最初に「教える」などが加わるが、全体のフローは同じである。

❶任せる
❷見守る
❸介入する（ただし、部下の求めに応じて）

繰り返しになるが、役割給人材・課長の最大の仕事は「人材育成」である。したがって、課長は自分の時間をメンバーのために使わなければならない。

ただ、（多くの読者は経験されていると思うが）実際、人材育成というものは難儀なものだ。

欧米企業には、社員の「能力開発」という認識はあるが、「人材育成」というニュアンスの認識はない。「育成」とは、文字通り後進を育てて立派にすることである。だが、本来企業と社員の関係において、企業側にそのような義務はない。

働き方改革とは、企業の側がそれまで握ってきた強力な人事権、その少なくとも一部を手放す代わりに、「人材育成」（≠「能力開発」）の義務もないと表明することに他ならないのだ。

リストラ宣告を意識しつつ働く課長

では、今後「育成」にかかるコストと手間をどう考えるか？

そう自ら問いを発した際に、筆者は思い至った。

ハイブリッド型の人事管理は、単に導入してもうまくいかないし、日本企業の強みが解体され、消し飛んでしまう、と。また同時に、「はじめに」に登場した、かつて巨大企業の課長としてリストラ寸前の憂き目にあい３年を経たいま部長に抜擢された友人に、インタビューした際のやり取りを思い出したのだ。

——あれからの企業人・課長としての過ごし方は？

「リストラの最後の最後で他事業部に引き抜かれた。引き抜かれた先で依頼された案件をうまくこなせた。本来は１年くらいの期間を見込んだプロジェクトだったが、半年で終結してしまった」

——部長への昇進、決め手は何だったのか？

「自分を引き上げた上司は革新的な人物だが、自分が選ばれた理由は分からない」

そしてここからが、特に筆者の印象に残った。

——企業人に求められる資質、いま振り返って？

「不運にへそを曲げてしまったら、課長にすらなれなかった。曲げても何も良いことはないから。会社で8時間過ごすわけだから――。

とにかく面倒くさいことを進んで、腹を括ってやった。たとえば全体集会の時に、マイクの調子が悪かったとする。その時、自分は直しにかかった。もちろん、後ろでふんぞり返っている同僚もいた。

他にも、職場で何か困ったことが起こった時や、厄介な相談を持ちかけられた時に、逃げなかった」

彼は、頭の片隅で、またリストラを告げられるかもしれないと思いながら、いつも仕事をしていた。

彼の上司は、そんな彼の一体なにを見ていたのだろうか？

日本企業が、それでも新卒一括採用をやめない理由

今後とも、日本企業が新卒一括採用をやめることはないだろう。
その理由は3つある。

❶労働力人口の減少
❷日本企業の強みの維持
❸自己責任の重圧緩和

まず、「❶労働力人口の減少」であるが、この波は日本企業をすでに直撃している。

帝国データバンク「人手不足に対する企業の動向調査（2019年1月）」によれば、2018年の人手不足倒産の件数は153件（前年比44・3％増）となり、2013年に調

査を開始してから最多を更新している。

また、正社員が不足している企業は、全体で53・0%、大企業で62・4%であり、同じく非正社員が不足している企業は、全体で34・4%、大企業で38・1%に上る。

なお、正社員が「不足」していると回答した企業を業種別に見ると、「放送」(76・9%)がトップで2位は「情報サービス」(74・8%)、3位は「運輸・倉庫」(71・9%)と続き、3業種で7割を超える企業が不足を感じていた(図11・12)。

ちなみにこのような人材不足をAIで補えないのだろうか。

ルーティンタスクはIT化、AIによる代替化を進めやすいというのは、経験的にもお分かりいただけると思うが、ルーティンタスクに関する国際比較のデータがある。

DeLaRica and Gortazar (2016) による「ルーティンタスク集約度」の比較によると、ルーティンタスクが相対的に一番少ないのはアメリカで、すでに多くのルーティンタスクがITに代替されていると解釈できる。一方、ルーティンタスクが最も多いのは韓国で、イタリア、ロシアと続き、日本も4番目に多い。

図11　人手不足はこんなにも深刻化

従業員が「不足」している割合（各年1月）

（%）

年	全体		大企業		中小企業	
	正社員	非正社員	正社員	非正社員	正社員	非正社員
2007	39.0	23.5	45.4	25.2	36.6	22.7
2008	33.2	19.5	39.4	21.2	30.9	18.9
2009	16.2	9.9	17.1	10.2	15.9	9.7
2010	15.5	10.6	15.5	10.3	15.5	10.7
2011	21.6	13.8	20.8	11.3	21.8	14.6
2012	23.8	15.7	24.3	15.3	23.7	15.8
2013	26.6	16.4	29.9	16.7	25.6	16.3
2014	36.6	24.1	42.4	26.0	34.9	23.5
2015	37.8	24.1	42.4	24.1	36.5	24.1
2016	39.5	26.2	46.6	27.4	37.6	25.9
2017	43.9	29.5	51.1	30.7	42.1	29.2
2018	51.1	34.1	59.1	37.4	49.1	33.2
2019	53.0	34.4	62.4	38.1	50.6	33.3

出所：帝国データバンク「人手不足に対する企業の動向調査（2019年1月）」

図12　特に人が足りない業種とは？

従業員が「不足」している上位10業種

(%)

	正社員		非正社員	
1	放送	↑ 76.9	飲食店	↑ 84.1
2	情報サービス	↑ 74.8	飲食料品小売	↑ 67.7
3	運輸・倉庫	↑ 71.9	メンテナンス・警備・検査	↑ 61.7
4	建設	↓ 67.8	各種商品小売	↑ 57.5
5	飲食店	↑ 65.9	娯楽サービス	↓ 57.4
6	家電・情報機器小売	↑ 64.7	旅館・ホテル	↑ 54.2
7	メンテナンス・警備・検査	↓ 64.3	人材派遣・紹介	↓ 52.1
8	リース・賃貸	↑ 62.9	電気通信	↑ 50.0
9	人材派遣・紹介	↓ 60.4	リース・賃貸	↑ 48.3
10	機械製造	↑ 58.2	飲食料品・飼料製造	↑ 48.1

注：矢印は2019年1月と2018年1月との増減を表す
出所：帝国データバンク「人手不足に対する企業の動向調査（2019年1月）」

この国際比較からすれば、日本にはまだまだルーティンタスクを人手からITに、AIに代替する余地は大きいということだ。しかしながら、それによってここ10年、15年の人手不足が解消されることなどあり得ない。

だから各社は、少しでも多くの若者を早く採用しておきたい。労働力の確保が企業の継続性（ゴーイングコンサーン）に大きな影響を与える時代である。

次に「❷日本企業の強みの維持」であるが、先にも日本企業の強みは個人により発揮されるのではなく、集団により発揮されると述べた。

そのためには、どうしても組織の文化や人をよく知り、そして集団として最高のパフォーマンスを発揮するための関係性を広く築かなくてはならない。

だが、そのような役割給人材の育成には手間がかかるし、その企業固有の価値観を共有する際に、他の組織で培った価値観は邪魔になることがある。

そこで、まだ社会人経験のない新卒社員をイチから育てる必要があるのだ。

最後に「❸自己責任の重圧緩和」であるが、これは新卒一括採用される側の心理である。「働き方改革」の本質は、個人の尊厳と生涯キャリアの自己管理だと述べたが、これまでの日本人の働き方からすれば、これには相当な自覚が必要となる。

自分のキャリアが仮にどこで途切れても、知識労働者としてお払い箱になっても、文句を言う相手や受け皿となってくれる組織がないからだ。

いまは企業人の「権利」や「自由」に目が行きがちだが、これからは個人として、自らの生涯キャリアを構想する「義務」と「自己責任」を背負わなければならない。

『自由からの逃走』（エーリッヒ・フロム）ではないが、新卒一括採用は、生涯キャリアの自己管理「義務」や、自由な働き方の前提にある「自己責任」が個人に課す強烈なプレッシャーをこれからも緩和するはずだ。

旧価値観から逃れられない課長世代の受難

ちょうど我々の世代は、バブルがはじけた後、就職氷河期に社会人になった。

就職氷河期とは、特に、平成5（1993）年ごろから平成17（2005）年ごろまでを指し、大卒で言えば今の48歳から36歳くらいまでの年齢層である。まさしく課長世代だ。

またこの世代は、新卒時に正社員として就職するのが困難だったため、いわゆるフリーターや派遣労働といった社会保険のない非正規雇用（プレカリアート）として働く若者が増えた。またニートや引きこもり、就職難民なども現れた。

そしてもうひとつ。この世代はグローバリズムの進展とともにあった。

1991年にソ連・東欧体制が崩壊した後、アメリカを中心に世界を一つのマーケットとして共有・統合する動きが一気に加速、さらにインターネットの爆発的普及もその動きを牽引した。

そしてその波は、働くことに対する価値観の世界的な統一を、日本の企業人にも迫ったのである。多くの日本企業が自信をなくしていた時代に、グローバルな価値観の洗礼をもろに受けたのは、課長世代といっても差し支えないだろう。

このような背景を受けて、2000年以降、社内で選抜した若手社員にMBAを取得させる企業も珍しくはなくなった。そうして、本格的に欧米流の経済合理性というものが、日本の企業人に浸透していったのだ。

ちなみに経済合理性とは、経営資源である人・モノ・金・情報を投資して、その事業は、儲かるのか（経済性）、なぜそう言えるのか（論理性）、手間とコストを省けるのか（効率性）を極限まで追求していくことである。

また、筆者が成果主義人事制度の設計に追われたのも、やはり2000年前後と記憶しているから、ビジネスコンサルタントの集団も、この流れを加速させたのは間違いないだろう。

新人に「義務」や「自己責任」を教えるのは誰か

ここで忘れてならないのは、ビジネスシーンで語られるグローバルな価値観というのは、要は欧米企業を動かすエリート集団の価値観やモノの考え方にすぎないということだ。

では、果たしてその価値観で、働き方に端を発した日本企業の改革を推進できるだろうか。

筆者は、それはできないし、してはいけないと考えるにいたった。

それでは、日本企業の強みはなくなってしまうし、日本の若い世代を知識労働者の格差、その底辺に追いやることになるからだ。

これからも続くであろう新卒一括採用、社会のことを知らない新人は、企業人としての「権利」と「自由」を教え込まれるが、果たして企業人としての「義務」や「自己責任」は、誰が教えるのだろうか。

ここで、グローバルな価値観に従えば、個人の尊厳のもと、自己責任は自己責任なのだから、その責任を他者が代わってやることはできないということになる。だが、そう説く国の行き着く先はどうなったか？

そう、現在のアメリカのように、極端な富の偏在である。ただ、これはアメリカだけの話ではない。階級社会というものが前提にあり、それをもとに資本主義を突き詰めれば、どの国もそうなる。

課長が取り戻さなければならない価値観

それに対し、誰もが「区別」なく、ともに飢えや貧しさを経験した日本人は、階級などを前提としない人事管理を志向し、多くの矛盾や綻びを内包しながら、つぎはぎだらけの制度を運用してきたのだ。だが、それも限界に来ている。

だからこそ、日本型の良い点は守りつつ、ハイブリッド型を模索するのだが、その際、新たな人事管理を構築し、支えていくための必須条件が明らかになった。それは、役割給人材・課長が取り戻さなければならない価値観でもある。

その価値観とは「徳」だ。

「徳」とは、今後ますます多様なメンバーが集う職場において、安易にマジョリティーに迎合することなく、かといって自分の考え方に固執することなく、全体にとっての「公正さ」を考えられたり、あの人にだったらついて行きたいと思わせる品性を養うことである。

ここまで書いて、いったん言い訳させていただきたい。

正直に言えば筆者も、日本企業が永続していくためには、「徳」というものが大切なのであるなどと、書くつもりはなかった。なぜなら、自身が徳を語るような人格者ではないからだ。それにビジネスにおいて「徳」が大切だ、などと鮮明に認識したことはなかったし、このように言語化することもなかった。

要は、『論語と算盤』（渋沢栄一）の論語という価値観が抜け落ちていたのである。ただ、コンサルティングの現場で、長く日本を支え続けてきた老舗企業・グローバル企業の昇格システムを読み解く中で、また筆者の友人を部長に押し上げた上役の采配を見て取るに、やはりどうやら、人材の「徳」というものが、最重要の昇格要件として認識されている、これは間違いないと思うに至ったのである。

これから20年をどう働けばよいか

ただ、現代版の「徳」とは、どうやら単純に『論語と算盤』の「論語」を体得せよということではないようだ。確かに徳というものを考える上で、論語も大いに参考になるだろう。だが、これからは様々な思想もしくは宗教的背景をもったメンバーが一所に集い、働くことになるからだ。

では一体、現代版の徳とは何なのだろうか。

筆者は、思想家でも宗教家でもないので、現代版の徳とは何かについて、面識のある宗教家に教えを乞うことにした。

その宗教家とは、ガユーナ・セアロ師である。

師は、カンボジアやミャンマー、スリランカなどでも精力的に慈善活動を行っており、また世界中の著名な経営者が、セアロ師との面会を求めてやってくる、そんな人物である。

今回、師に役割給人材・課長の役割とは何かを率直に聞いてみた。師はこう答えてくれた。

「管理職の仕事とは、部下の成長のために『贅沢な無駄時間』を作り出すことである」

そして続けて「徳とは何か？」という問いにはこう答えてくれた。

「徳とは、『人助けが、喜びである』と心底思えるよう、自らを癖づけすることだ」

これらは、筆者の立場に寄せて語ってくれた言葉だと思うが、いずれにせよその言葉を聞いて筆者は思った。徳とは学習であり、習慣なのだと。

知性を捨てられない人は部長になれない

ちなみに我々の世代は、江戸時代には「士農工商」という身分制度があったと学生時代にならった。だが、近年の研究は、そのような身分制度の存在を否定し、現在は教科書にも載せていないそうだ。しかしながら、個人に職業選択の自由などはなく、世襲が原則であり、士農工商という区別ではないにせよ、差別が存在する社会であった。

職業を規定されていたこの当時の日本人は、何をしたか。それはそれぞれ職業人としての「あり方」を学んだのである。

いまの企業人は、ＭＢＡなどを取得することで経営幹部への「なり方」は学ぶが、「あり方」を学ぶ機会はめったにない。ただし、繰り返しになるが、企業人が自分の努力で獲得できるキャリアは、課長までなのだ。

これからはますます、管理職になる随分前から、何をもってその後のキャリアを築いていくかの選択を迫られるだろう。引き続き知性推し（↓職務給人材）で行くのか、それとも徳推し（↓役割給人材）で行くのかだ。

これは近年の傾向であるが、課長までは、知性に優れた人材を昇格させるようだ。だが、部長は違う。役割給人材・部長になりたければ、それまでに培った知性を、いったん捨ててしまうくらいの覚悟が必要だ。

だが実際のところ、知性に優れた人材は、なかなか知性を捨てることができないし、困難に直面した際には、ますます知性をもって問題を解決しようとする。

筆者はMBAホルダーではないので、偉そうなことは言えないが、MIT（マサチューセッツ工科大学）などでMBAを取得後、外資系企業と日系企業で要職を務めた友人に聞いても、「日系企業では、MBAをベースとした知性はほとんど役に立たなかった」と言っていた。

では、知性が捨てられない人材はどうすればよいのか？

答えは簡単だ。職務給人材として、自らの市場価値を常に見極め、高めつつ、転職や独立も視野に入れながらキャリアを積めばよい。

また役割給人材・課長も、その職責の中心にあるのは人材育成であるから、その方面のプロとして職務給人材に転換することは可能だ。

2045年に、AIが人類の知能を超える転換点を迎えると言われているが、最後の最後までその超越を阻むのは、芸術と宗教であるだろうと筆者は認識している。

だからこそ、我々ミドル世代が授かった教育に抜け落ちた「徳」というものを、あらためて研究し直し、再構築する意義は大いにあると思うのだ。

今後、生涯キャリアを自己管理していかなければいけない時代において、一番まずいのは「誰もが階段を上れる」幻想を妄信しながら、これまでの働き方を捨てられないことだ。

以降のページでは、今後一番まずい働き方をする人材がどうなっていくかを見ていきたい。

SCENE 7 上司の評価は高いが部下がついてこない担当課長

経営企画部の山本担当課長は、今日も残業していた。社内では、山本より早く出勤する社員はいないし、山本より遅く退勤する社員もいないと言われるくらい、忙しく働いていた。

そんな過酷な部内である。喜多川多実子の人事異動以降も、何人かの若手社員が山本の部下になったが、彼の求める仕事を彼の求めるレベルでこなすことができず、メンタルの不調を訴えたり、中には辞めてしまう者もいた。

だが、経営企画部長は、すべての実務を完璧に近いレベルでこなす山本を、非常に優秀な人材として重宝していた。それに当の山本も、近く同期に部長人事が発令されるだろうと口の軽い役員から聞き、ますます仕事に熱が入った。

自分が同期の出世頭であることを、誰よりも自負していたからである。

そんな山本が現在注力しているのは、全社をあげたプロジェクトだった。

次の中期経営計画を策定するため、外部の戦略コンサルティング会社を招聘、プロジェクトチームを組み、役員や現場キーマンへのヒアリング、ミーティングおよび成果物の管理にいたるまで、プロマネ（プロジェクトマネジメント）業務に忙殺されていたのである。

しかしながら、山本にとっては、この激務すらも苦にならなかった。

このプロジェクトをやり遂げれば、現経営企画部長は役員になり、次の部長は自分だ、それが山本の想定したキャリア・シナリオだったからだ。

そして、山本は部長になったら、真っ先に着手したいことがあった。それは現経営の旧態依然とした体質の見直しだ。山本は、戦略コンサルタントと日常的に話をするようになってから、社内の人間に話を通すもどかしさを、いままで以上に感じるようになったのだ。

一方、人事部の矢島担当課長も忙しかった。だがその内実は、山本担当課長のそれとは違っていた。矢島は、日々部内の誰よりも早く出勤して、自分の仕事を済ませるようにし、日中は部下と向き合うことに努めた。矢島にはそうせざるを得ない理由があった。単純に部下が増えたからだ。そして、そんな矢島には、部下マネジメント上の悩みがあった。

現在、矢島には部下が3人いる。

一人は、年上の部下で定年退職後に再雇用となった松下寛治、もう一人は矢島のはじめての部下であり、いまや成長著しい喜多川多実子、そしてもう一人は今年入社した新人の西村翔太だ。

松下は現在の人事部長・旭川にとっても先輩格にあたり、矢島にとっては雲の上の大先輩だ。何せ役職定年になるまで、管理本部長を務めたほどの人物である。どちらかと言えばカネを稼ぐ事業部門の立場が強い当社で、人事部も含めた管理本部の存在感を高めたのが松下だ。松下が管理本部長の時代に、事業部門の猛反発を受けながらも、人事制度の大改革を行った。そして本来であれば、本部長から役員にと将来を嘱望されていた人材だったが、一時期体調を崩し、また本人が役員になることを固辞したため、そのまま役職定年になったのだ。

そのような輝かしいキャリアであるが故に、正直扱いづらく、職場のミーティングなどでも、みな松下に気を使ってしまい、自由闊達な意見交換などとはほど遠い状況である。そして、同じことは社内の別の職場でも起こっていた。同じく部下をもつ課長に話を聞くと、「かつての上司でいまは部下」などへの接し方に苦慮していると答えた。

課の問題はそれだけではない。女性部下の喜多川は放っておくと、つい働きすぎてしまうのだ。「働き方改革」・残業規制を人事部が主導している中で、当の人事部が働きすぎているではないかという批判がちらほら出始めている。

ただ、喜多川が仕事を抱え込みすぎてしまう、働きすぎてしまう原因のひとつに新人・西村の働く姿勢もあるだろう。

西村のＯＪＴは喜多川に任せているのだが、喜多川によれば西村は「地味で単調な作業を極度に嫌う」そうなのだ。

矢島は、これらの問題を解決していかなければいけない立場にあった。

矢島は友人の人事コンサルタント・荒井にメールを打った。彼は海外にいたが快く相談に乗ってくれた。


「いま、日本企業で役職定年を迎えた部下の扱いは、職場がかつての上司に気を使うか、かつての上司が職場に気を使うか、そのどちらかだ。そもそも、これまでの日本人や日本企業にとって役職や資格等級の上下は単なる職業上のポジションを超えた社会的な序列であり、その獲得や保持は人生をかけたプライドだったのだ。

だから、役職定年後も気持ちがその立場から降りられない年上の部下も多いし、かつて役職を得てつけ上がり、職場を私物化したり、部下につらくあたったりしたツケを、いま支払わされている部下もいる。

だからまず、日本の企業人は、役職や資格等級の上下が、人生のプライドという意識、役職や等級の上下は絶対である、というコアビリーフを書き換える必要がある。

ちなみに、自分の知っている日本企業には、すべての社員が本名とは違うビジネスネームを自己申請し、その名前を呼び合っているところがある。徹底しているのは、名刺にもビジネスネームを刷り込み、社外にも公表してビジネスネームの方を、オフィシャルにしていることだ。中には純情五郎さんなんて社員もいて、皆が純情さん、純情さんと呼んでいて、とても興味深かった。だがそれくらいやらないと、日本人の働き方改革は進まないと思う」

このようなメールのやり取りを経て、矢島は思い切って松下に直接相談してみた。

すると、松下自身もかつての部下や後輩、そして自分の子供よりも年下の社員が、自分に遠慮している、そのことを大いに気にしていたことが分かった。

では、どうするかということになり、そうして「全社員、役職や等級の上下に関係なく『さん』づけ運動」がはじまったのである。

矢島も新人の西村を、「西村」と呼び捨てたり、「西村くん」と呼ぶことはやめ、「西村さん」と呼ぶようになった。ちなみに、この取り組みを全社的に働きかけてくれたのは、他ならぬ松下である。その結果、管理部門の新人・西村は、社長も普通に「さんづけ」で呼ぶようになった。

そうして、役職や等級の上下にかかわらず、誰もが対等に向き合い、業務上の問題や時にはプライベートに関わることに至るまで、ざっくばらんに話し合えるように職場が変化しはじめた。

これは後に、人事コンサルタント・荒井が話してくれたことだが、実は彼は当社の人事制度改革に関与していたそうだ。その時の責任者が松下だった。

「松下さんは、時代の変化を先取りしていたし、何より不公正さを嫌った。当時はまだまだ男社会だった職場も、現場の気心が知れた間柄で、上司が自分に従順な部下を引き上げるシステムも改めていく必要があると、そんな制度を設計してほしいと常々言っていた」

「松下さんのお子さんは障害をもっていて、奥さまの負担を少しでも減らしたいというのが、確か役員への就任を辞退した理由だったはずだ」

完璧主義な人間ほど残業体質になりやすい

その職場が残業体質になるのは、いくつかの理由による。

その理由は、大きく2つに分類できるが、それは「会社に起因するもの」と「個人に起因するもの」である。

まず「会社に起因するもの」とは、（これまで度々指摘してきた）職務範囲が限定されておらず、ポストも固定されていない日本型の人事管理や、これまで景気の良し悪しに応じて、新卒採用を増やしたり減らしたりしたことによるいびつな人員配置などによるものである。また同じく景気の良し悪しに応じて、教育コストのかけ方も違ってきたから、社員の能力レベルにも当然バラツキがある。

だが、日本企業の残業体質は、会社のみならず「個人に起因するもの」ももちろんあるのだ。それは、より具体的には、個人の「能力」によるものと「性格」によるものに分かれる。

まず個人の「能力」によるものであるが、与えられた仕事をこなす能力が不足していても残業になるし、余裕をもってこなしてしまう能力があっても残業になる。上司が部下の働きぶりを見ながら、与える仕事を調整してしまうからだ。

後者は、結局「会社に起因する」残業体質と直結するのだが、それとは別に個人の「性格」による残業体質というのも見過ごせない問題だ。

残業を助長する個人の「性格」とは、すなわち完璧主義のことを指す。

もともと知識労働者の仕事は、どこまでも完璧にやり遂げたいという欲望に応えてくれるものが多い。これは業務効率改善と間接費の管理などにおいても問題になる（図13）。

図13 完璧主義が残業を増やすメカニズム

業務効率改善と間接費の管理

間接“人件”費の問題点

- 活動の中身が明確になっていない
  (どのような作業に、どの程度時間がかかっているのか)
- 活動の目的が明快になっていない
  (何のための活動に、どの程度時間がかかっているのか)

→ 結果として、間接費は「どんぶり勘定」になり、改善のメスが入りにくくなっている

問題を引き起こす原因

- 活動内容(業務内容)が不明確である
  → 業務が見えない。
  → 業務を見せない。
  → 業務を見ない。
- 活動内容(業務内容)が不安定である
  → その時々の状況などに応じて、「どこまでやるか」が変わってくる
  → 仕事を知らない/できない人ほど、手戻りやミスで時間がかかる
  → 逆に、行き届いた仕事のできる人ほど、時間がかかる場合もある

たとえばこのような完璧主義を、管理職が職場に押し付けたら、その職場は残業体質を強化こそすれ、弱化することはまずないであろう。

それに職場内でコンセンサスのない完璧主義は、パワハラやいじめに直結する。企業人であれば、誰もが一度や二度、上司から「自由にやってよい」と仕事を任されて、自由にやったらダメ出しをされた経験はないだろうか。これなどは、まさしく上司の側の歪んだ完璧主義に起因するものだ。

このような上司は、指導という名のもとに部下を私物化している。そして、部下を疲弊させながら、どこかにあるかもしれないし、ないかもしれない自分の完璧を、利己的に追求しているに過ぎない。

また、担当者レベルが完璧主義だったら、その職場はどうなるだろうか。一部の中堅社員による実務の抱え込みが発生し、その結果として後輩や部下に仕事が下りていかず、新人は自分の実務能力の伸長や課題も分からないまま定時で帰り、その後「役に立たない企業人」になるリスクを、ますます増大させることになる。

もし残業好きの部下がいたとしたら?

では、このような完璧主義を、どのように是正していくか。

ここから、筆者による論説と、〝SCENE〟のストーリーをリンクさせてみたい。

矢島は喜多川と話し合い、分かったことがあった。それは彼女の「自尊感情」の低さである。

「自尊感情」とは、「自己に対して肯定的な評価を抱いている状態を指す」Selfesteem の日本語訳だ（文部科学省国立教育政策研究所による定義）。そしてこの「自尊感情」と「自己有用感」とは異なる。

「自己有用感」とは「他者や集団に貢献し、他者から受容されることを通して、自分の存在を価値あるものとして受け止める感情」である（新潟県立教育センターによる定義）。自尊感情は、必ずしも他者や集団の存在を前提としていないのに対して、自己有用感は、自分が関わり合いをもつ他者や集団の存在を前提としている。

ちなみに、内閣府が外部に委託して実施した調査「平成25年度 我が国と諸外国の若者の意識に関する調査」によれば日本人・若者の自尊感情は、諸外国の若者に比べて著しく低い。これは日本、韓国、アメリカ、イギリス、ドイツ、フランス、スウェーデン（計7カ国）の各国満13歳から満29歳までの男女を対象としたものだが、データによれば、日本の若者はその半数が自分自身に満足していない（図14）。これには、控えめや謙遜を美徳とする日本の文化的背景によるところもあるだろう。

なお、その一方で、日本人の若者の自尊感情は、他国の若者のそれと比べ、自己有用感と強く結びついているとの指摘がある（p186図15）。

要するに日本人は、他者や集団に貢献することで自尊心を高めているのだ。

これはマズローの欲求階層説によるところの四階層目「他者からの承認と自尊心の欲求」に該当する（p187図16）。

新人にとっては「上司や先輩から信頼されている」と思えることが、自尊心の向上につながる。そのためには上司や先輩も、新人に任せて、見守らねばならないし、彼らの求めがあ

図 14 日本には自分に満足していない若者が多い

若者が描く自分自身のイメージ

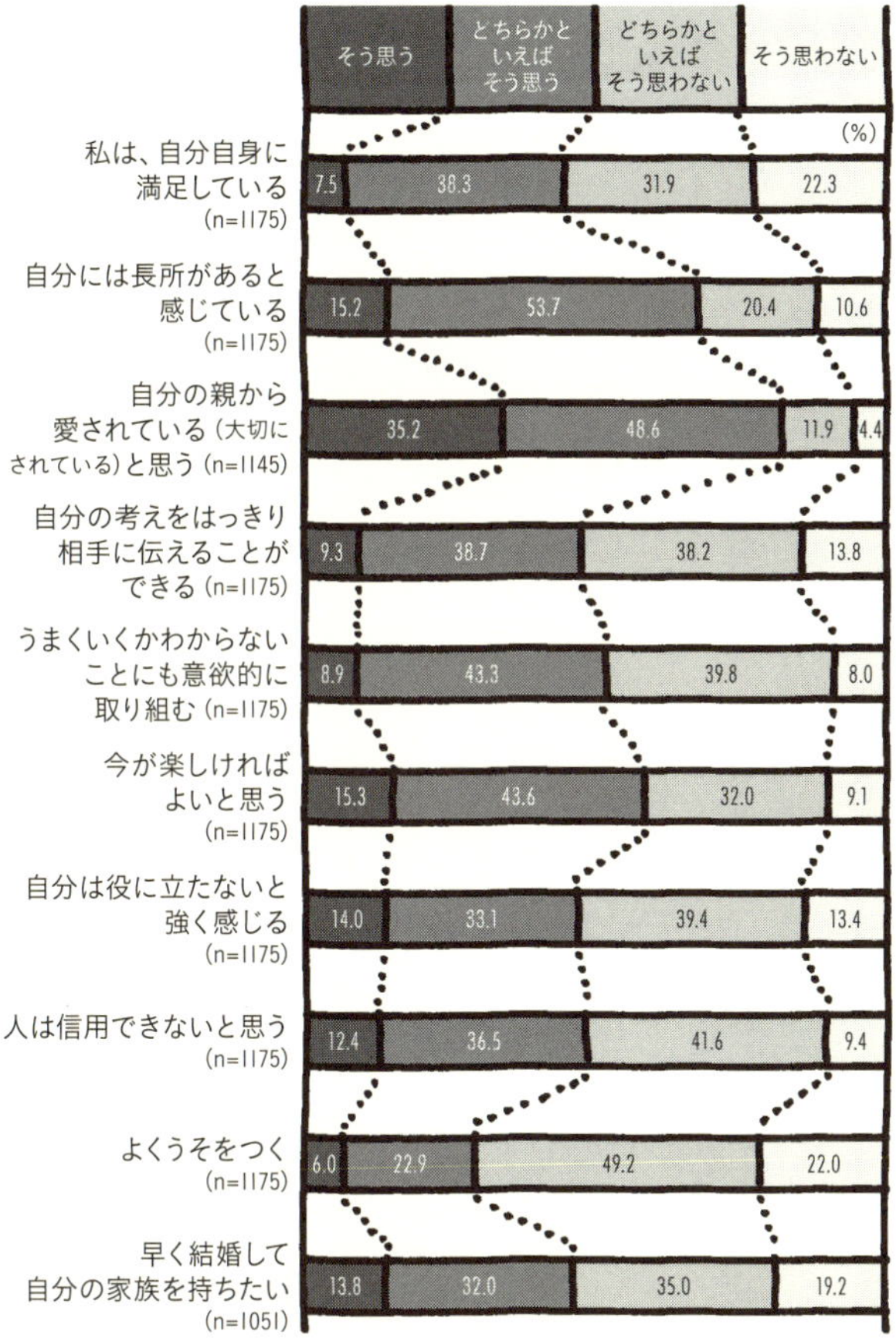

出所：内閣府「平成25年度 我が国と諸外国の若者の意識に関する調査」

図15
日本人は集団に貢献することで自尊感情を高める？

「自分への満足感」と自己有用感の相関

日本	−.42**
韓国	−.16**
アメリカ	−.06
イギリス	−.06*
ドイツ	−.20**
フランス	−.18**
スウェーデン	−.29**

*p<.05、**p<.01

加藤（2014）による分析
出所：内閣府「平成25年度
我が国と諸外国の若者の意識に関する調査」

ればいつでも力を貸せるようにしておかなければならない。

だが、自尊感情が低い上司や先輩は、自らの感情を満たすのに手いっぱいで、いわば無意識のうちに、後輩や新人から自尊心を育む機会を奪ってしまうのだ。

他者や集団に貢献できなければ、自分は無価値な人間だというのも、歪んだコアビリーフであるし、新人や若手社員から成長の機会を奪ってまで、自らの感情を満たそうとするのも、やはり健全ではないと言えよう。

少なくとも、そのような人材は「役割給人材」には向かず、「職務給人材」を選択した方が、今後仕事を通じた満足度は高まるはずだ。

図16 上司や先輩が満たせる欲求とは？

A・H・マズローの欲求階層説

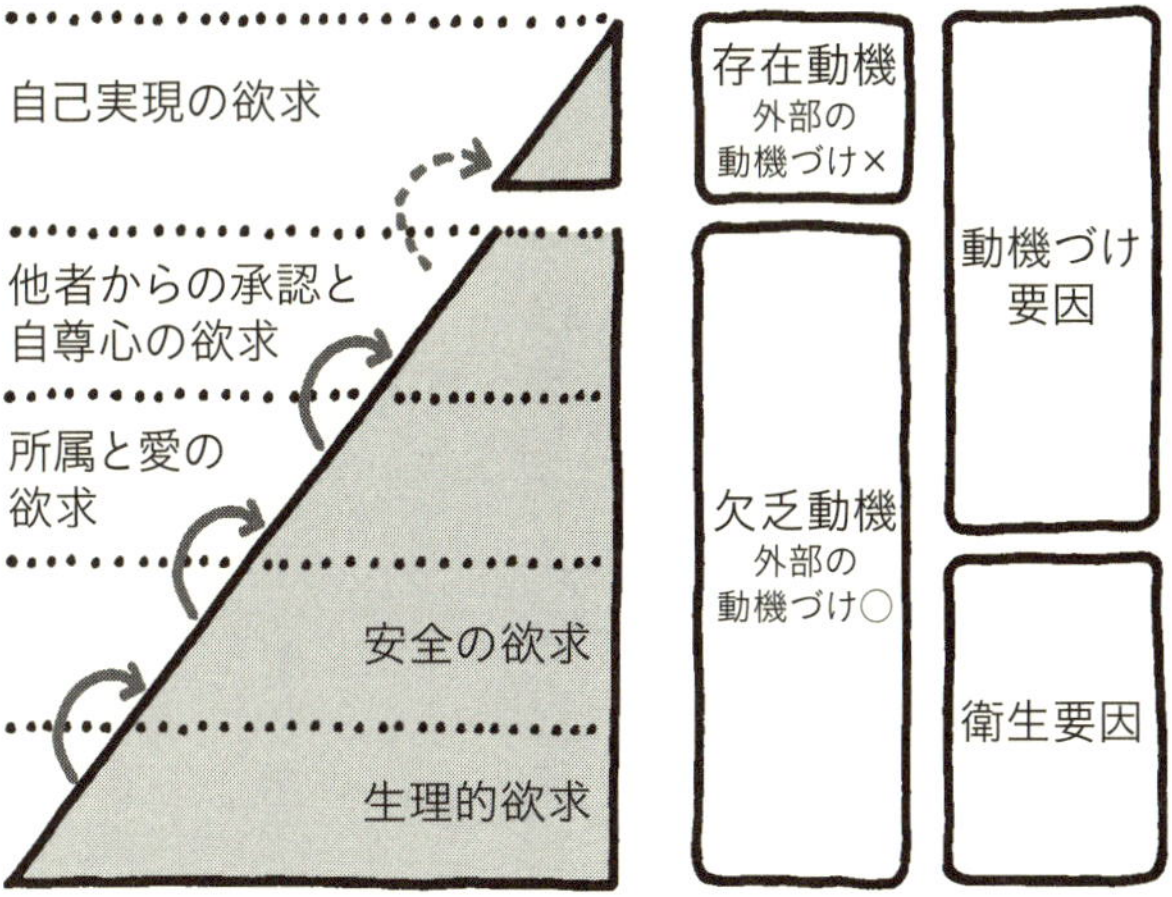

- A・H・マズローは、人間のもつ欲求というものが階層状を成し、
より下位の欲求が順次満たされ、
より上位の欲求が満たされていくと考えた
- ただし、欠乏動機（動機づけの問題）と存在動機（成長・発達の問題）は、
断絶しているため、議論を切り離す必要がある
- なお、安全の欲求を境として上位の欲求を動機づけ要因、
下位の欲求を衛生要因と呼ぶ場合もある

矢島は、部下と対峙するため、心理学の知識を懸命に学んでいた。喜多川は矢島の話に興味を示し、自分も新人・西村や松下にどんどん仕事を振りつつ、空いた時間で心理学を学んでみたいと言い出した。

だが、相変わらず西村は「地味で単調な作業を極度に嫌う」ため、矢島は喜多川とともに、一度当人と話してみる必要があった。

「長時間頑張る部下を評価してしまう」のをどうすればよいか

最近、仕事を思い切りさせてもらえないという理由で、会社を辞める若者がいると聞く。

だが、経済産業省が日本経済新聞社に委託した「平成28年度産業経済研究委託事業（働き方改革に関する企業の実態調査）報告書」は、自社の長時間労働の原因を次のようにまとめている（図17）。

ちなみに当調査の対象は、経営企画・事業企画と経営管理の部長職以上である。要は、会

図17 残業は、なにが原因で起こっている?

長時間労働の原因に対する意識

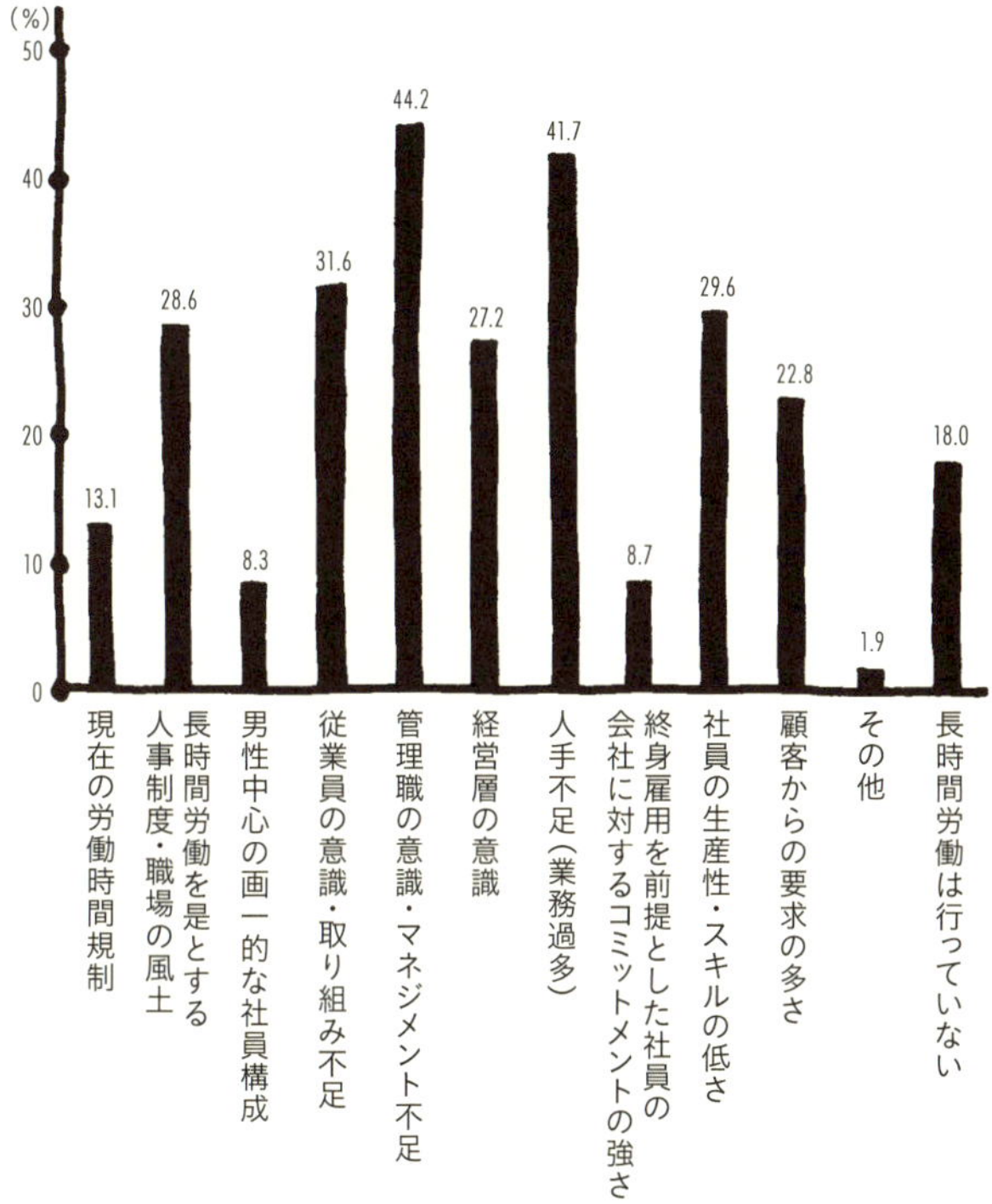

出所:日本経済新聞社「平成28年度産業経済研究委託事業
(働き方改革に関する企業の実態調査) 報告書」

社の上層部や人材への投資企画者が、長時間労働の原因をどう見ているかということだ。

Q1 自社の長時間労働の原因について、あなたはどのように考えていますか（複数回答）

1位「管理職（ミドルマネジャー）の意識・マネジメント不足」（44・2％）
2位「人手不足（業務過多）」（41・7％）
3位「従業員の意識・取り組み不足」（31・6％）

ここで、労働生産性という観点で、よく引き合いに出されるドイツと日本の働き方をデータで比較してみる。

労働政策研究・研修機構がまとめた「データブック国際労働比較2018」によれば、日本人一人あたりのGDPは3・9万ドルに対し、ドイツ人は4・22万ドルである。

しかしながら、ドイツの一人あたり平均年間総実労働時間（2016年）は、1363時間、これに対して日本は1713時間、その差は350時間である。1日8時間労働と仮定すると43・75日の差だ。また第2章で触れたが、日本生産性本部がまとめた「労働生産性の国際比較2018年版」によれば、時間あたり労働生産性の日独比較は日本が47・5ドル、ドイツ69・8ドルで約1・5倍の差となる。

日本はやっと、年次有給休暇の取得5日以上／年の取得を義務づけたが、ドイツでは、ほぼ100％取得している。

「引き算」で仕事するドイツ人と「足し算」で働く日本人

ドイツのこのような働き方は、日本よりもはるかに厳しい残業規制にもよる。ドイツの場合は、1日10時間を超える労働が禁止されている。これは月単位に均した残業の上限ではなく、毎日10時間を超えて働いてはいけないのである。

また、1日の労働は10時間まで許されているが、6カ月間の平均労働時間は、1日8時間以下にしなくてはならない。ということは、前の日に10時間働いたら、次の日は6時間で労働を終えるのである。このように、ある日は10時間、他の日は6時間という働き方は「労働時間貯蓄制度」として認められている。

この上限についての例外は、一部の職種を除けば、あり得ないし、悪質な違反に対しては罰金や経営者に禁錮刑が科されることもある。

そして何より、ドイツ人の働き方は、彼らのメンタリティーからして、日本人とは真逆だと言ってよい。

まず多くのドイツ人にとって、労働は神事でも美徳でもない。労働は生活の糧に過ぎず、家族を犠牲にしてまで行うものではない。

また、彼らにとって労働は「引き算」（やらないことを決めて、守る）であり、日本人のように「足し算」（やることが増えていく）ではない。

そんな彼らにとって、長時間頑張る部下を評価してしまう、そんなことはあり得ないのだ。

だが、日本の組織において、部下の立場では、やらないことを決めることができない。彼らの職務範囲は限定されておらず、ポストも固定されていないから、放っておけば仕事は増えるばかりだろう。

だからこそ、管理職の意識改革とマネジメント力が求められるのだ。

そして管理職は、自分の生産性を高めるのはもちろんのこと、承認欲求が強いが故に長時間頑張ってしまう部下にも、「長時間頑張る」は承認材料にならないことを、納得させなければならないのである。

SCENE 8 グローバル企業の常識は日本の企業で通用するか

ここは役員室。中期経営計画の策定に向け、経営企画部の山本担当課長が役員に対して熱弁を振るっていた。戦略コンサルタントも同席はしているが、彼は自分の言葉で役員を説得したかったため、すべての説明を自分が行うと決めていた。

「成果主義、成果主義と言いながら、相変わらず横並びを旨とする社員の意識、我が社の組織風土を変革していかなければなりません」

役員の中には、山本担当課長の熱弁に顔をしかめる者もいたが、山本は副社長と経営企画部長にメッセージが伝わればよいと割り切っていた。副社長は改革派の急先鋒だし、それを経営企画部長が全面的に支えているのだ。

正直に言って、昼行燈のような現社長・森田は過去の遺物であり、すでにオワコンなのである。

たまたま昼行燈の在任中、業績が右肩上がりだったのは、単に景気が良かったからというだけで、彼は幸運に胡座をかいているにすぎない。

「我が社がグローバルな環境でプレゼンスを高めていくためには、当然社員の意識改革が必要です。ですが、それだけでは不十分で、諸外国から優秀な外国人を多数採用すべきであり、かつ社内の公用語を英語にしなければなりません」

「これらのことが実現されなければ、我が社はグローバル化において競合他社に後れをとり、M&Aや倒産の危機にみまわれるでしょう」

「グローバル化が進んだ自動車会社や製薬会社では、このような改革はとうの昔に断行され、結果として、全社員に占める日本人比率が10％に満たない、かつての日本企業もあります。日本人がグローバルな人材競争について行けないのです。ですが成果主義を真に徹底していくのであれば致し方ないでしょう」

「我が社に足りないのは、改革を断行するか、しないで朽ちていくのかを決定する意思なのです」

「では、最後に」

そう言って山本は、隣に座る戦略コンサルタントを見た。

「グローバル企業の中でも、選りすぐりのトップランナーたちを導いてきた戦略コンサルタントも、この改革は絶対に必要であると判断しています」

そして山本は、昼行燈・森田社長ほか役員一同に視線を送り締めくくった。

「私からの中期経営計画にかかる改革提案は以上です」

役員会はしばらく静まり返り、誰も言葉を発することはなかった。

自ら働きすぎる課長はもういらない

レジリエンスという言葉をご存じだろうか。

レジリエンスとは、困難で脅威を与える状況にもかかわらず、うまく適応する過程や能力、および適応の結果のことで、精神的回復力とも訳される。

出典：『最新 心理学事典』（平凡社）

今回の物語では、あえてレジリエンスを弱めてしまう考え方・発言を山本担当課長に代弁してもらった。

レジリエンスを弱めてしまう7つの考え方

❶ 否定的側面の拡大（肯定的側面の否定）
❷ 二分化思考（少なすぎる判断基準、勝ち負け思考）
❸ 「当然」「べき」「ねばならない」思考
❹ 過剰な一般化
❺ 結論の飛躍
❻ 劣等比較
❼ 他者評価の全面的受け入れ

出典：内田和俊著『レジリエンス入門――折れない心のつくり方』ちくまプリマー新書

ここで、レジリエンスにかかる見地から、山本の言動を解説してみよう。

山本は、自社社員の意識や組織風土を忌み嫌い、肯定的な側面を見ようとしていない。

また、現社長・森田を「無能な人間」、自分や副社長、経営企画部長を「有能な人間」と二分化し、勝ち負け思考を持ち込んでいる。

また発言に「当然」「べき」「ねばならない」が目立つ。

他にも森田に昼行燈のレッテルを貼り、森田の経営者としての手腕や業績を切り捨ててしまっている。このように非常に偏った、または少ない情報でモノゴトを決めつけたり、人物にレッテルを貼るのが過剰な一般化だ。

そして、改革を断行しなければ会社が潰れるというのも、明らかに結論が飛躍している。たとえば、社員の意識や組織風土改革を行うにしても、様々なやり方や進め方があるだろうし、山本案のどれか一つを実施するだけでも、効果は見込めるかもしれない。

さらに、グローバル企業のトップランナーと比較することで「不足しているもの」ばかりに目が行き、あたかも「足りているもの」「活かせるもの」が何もないかのような主張になっている。ちなみに、山本本人の「焦り」や「危機感」はこのような劣等比較からも生まれているのだ。

そして最後に、山本は戦略コンサルタントの判断や評価をやみくもに信じ、受け入れている。

戦略コンサルタントは頭脳明晰ではあろうが、彼らが完璧な答えなど保証してくれるはずもない。経験的には〝コンサル丸投げプロジェクト〟の多くは失敗する。

確かに会社のために、会社の困難を克服するために山本は懸命に働きかけているのであろうが、これをたとえば個人の困難に当てはめてみると、非常に息苦しく、生きづらいと感じるし、なにか積極的に困難を呼び込んでいる気がしてならない。

なお、この物語に登場する喜多川多実子が、かつて強烈なパワハラを受けた件や、山本担当課長の人物像（考え方・発言）は、筆者がコンサルティングの現場などで目の当たりにしたいくつかの事例・人物を再構成して書いているため、極端な作り話ということはない。

働き続ける「自分」をどう手放すか

これまで見てきた通り、日本人の働き方というのは、いったん企業に就社すると「皆もがんばっているから」「同期に後れをとりたくないから」と働き続けてしまうようにできている。

さらに職種が同じでも、会社によって職務範囲も違うし、経験してきたポストも違うから、転職するにしても苦労することが少なくない。

またさらに、労働は美徳であり、集団による同調圧力が良くも悪くも高いことなども勘案すると、放っておけば働き続ける「自分」になってしまうのだ。

そして、その根底にはやはり「働かなくては生きていけない」という恐れがあるのではないだろうか。

マズローは、自身の欲求階層説において、人間のもつ欲求というものが階層状を成し、より下位の欲求が順次満たされ、より上位の欲求が満たされていくと考えた（p187）。

つまり同階層説の第一階層が、生理的欲求（生きていくために必要な、基本的・本能的な欲求）で、第二階層が安全の欲求（安心・安全な暮らしへの欲求）なのは、ヒトはみな、何より根源的な恐れ「死」から遠ざかりたい、解放されたいと願っているということなのだろう。

ただし、働き手の根源的な恐れの感情に加えて「あの人に嫌われたら――」「皆の和を乱したら――」というような強迫観念までついて回るようになると、とても生きづらくなるのは確かだ。

先に、これからは生涯キャリアの自己管理時代になると述べたが、自己管理時代であるからこそ、「その職場で」「その仕事を」「長時間労働で」する必要があるのかということを、常に考えなければならない。

なお、働き続ける「自分」を見つめ直すための有用なツールとして、アルバート・エリスのＡＢＣ理論がある。Ａ・エリスは論理療法の創始者で、アメリカの臨床心理療法家の間では、精神分析のジグムント・フロイト、非指示療法家のカール・ロジャーズとならぶ三大心理療法家の一人として高い評価を得ている。

ＡＦＦＡＩＲＳ（出来事）
ＢＥＬＩＥＦ（解釈）
ＣＯＮＳＥＱＵＥＮＳＥ（結果）

エリスによれば、誰かが何かの出来事に遭遇した際、その結果としてネガティブな感情や気分になるのではなく、その間には解釈（＝出来事の受け止め方）が介在するというのだ。

× A（出来事）⬇C（結果）

○ A（出来事）⬇B（解釈）⬇C（結果）

たとえば、ある企業人がこんな出来事に遭遇したとしよう。

例1 昇進できなかった（出来事）⬇B（解釈）⬇働く気力がなくなった（結果）

例2 リストラにあった（出来事）⬇B（解釈）⬇自分は生きていけない（結果）

それぞれの出来事に対して、このような結果を選択した場合、そこには次のような解釈が介在する。

1 自分は会社から評価されていない

2 自分は無力でダメな人間だ

ここで「結果を選択した場合」と書いたが、これは、起こった出来事をどのように解釈するかによって、出来事に対する感情の表出や行動も違ってくるからである。

ここで読者に問いたい。たとえば、日常的な出来事に対するあなたの解釈は、本当に適切なのだろうか?

ABC理論は、日常的な出来事に対する条件反射的な解釈から、ある時に遭遇した困難に対する解釈まで、その人物にとってのある意味で素直な、または容易に陥りがちな解釈に待ったをかけるのだ。そうして新たな解釈を獲得し、ネガティブなとらわれから自己を解放していくのが、ABCDE理論である。

DISPUTE(反論)

EFFECT(効果)

解釈には自分にとって好ましいB(BELIEF)と、好ましくない、非合理的なIB

（IRRATIONAL BELIEF）があり、特にIBは、自分のみならず周囲のために
も、積極的に書き換えるべきであるということだ。
具体的には、たとえばある困難に直面した際に、自分がはまっている解釈の存在を突き止め、こんな問いを発することだ。

その解釈は本当か？
その解釈に証拠はあるか？
その解釈にハマっていて得なことはあるか？

1の解釈「自分は会社から評価されていない」をこれらの問いに当てはめてみると、こんな答えが返ってくるのではないだろうか。
「会社からまったく評価されていなかったら、とっくにクビになっているはずだ。同期で昇進が一番遅れているということはない。腐っても何も良いことはないし、何より自分が楽しくない」

これからは、生涯キャリアを自己管理していかなければならないのだ。自分の不遇を嘆いたり、会社や上司を恨んでも、誰も助けてはくれない。

また一方で、ある解釈にもとづく感情と言動が、周囲や部下に過剰なプレッシャーやストレスを与えてしまうこともある。

しかしながら、ＢというのはＢＥＬＩＥＦという単語があてがわれている通り、個人の信念もしくは、成功体験にもとづく確信であることも多いため、なかなか書き換えが難しいこともあるだろう。だからこそ、日々の訓練や癖づけが必要なのである。

これも現代版の徳とは言えないだろうか。

〝どっちつかず人材〟はいらないおじさん・おばさんになる

これからの日本企業における人事管理は、ハイブリッド型になると先に述べた。ハイブリッドとは日本型と欧米型の折衷である。

具体的には、遅くとも一般社員から管理職に昇進する前に、「役割給人材」か「職務給人材」か、どちらの人材タイプを目指すか自身で決めて、準備をはじめなければならないだろう。そこには当然、会社との話し合いの余地はあるだろうが、生涯キャリアの自己管理時代には、会社の意思よりも本人の意思が尊重されるようになる。

それに、これからは、インターンシップなどで就業経験を積みながら、どちらの人材タイプでキャリアを積みたいかを決めて、就職活動をする学生も増えてくるはずだ。

いまでも、将来起業するため、まずはコンサルティング会社の門を叩くという学生も少なからずいる。このような動きが、多くの一般事業会社にも波及していくだろう。

いずれにせよ、これからのキャリア形成で一番まずいのは、どっちつかずの人材で居続けることだ。そのような人材は、知識労働市場から早晩退場を迫られるか、より安い労働市場にしか仕事を見出すことができなくなるからだ。

なお、どちらの人材タイプを目指すか意思決定しさえすれば、その後に課長のすべきことは明快だ。

役割給課長は、自分の仕事をさっさと済ませ、部下を徹底的にサポートする。職務給課長は、自身の職務範囲内で、その専門性を活かして会社に貢献する。

有休5日取得義務をどう使うか

このまま働き方改革が進めば、日本人の有休取得率は上がっていくはずだ。取得した有休をどう使うかは当然自由であるが、企業人としての側面だけを見て言えば、役割給課長は「徳」を高めるために自己研鑽を積むことが求められるし、職務給課長は職種の「専門性」を高めるために自己研鑽すべきだと筆者は考える。

ただし、役割給課長の徳は、かつての「論語」ではなく現代版の徳であるし、その定義はない。したがって、自分なりに現代版の徳を模索するしかないのだが、少なくとも、たとえば動機づけのメカニズムなども含めた包括的な心理学の理解や、派生する傾聴およびコミュニケーションスキルの習得は必須であろう。他にも、同じ職場で働くメンバーの属性（国籍や性別を含む）に対する理解を深めるための学びも不可欠である。

また当該人材タイプは、自社が進むべき方向性を示し、職場を活性化する役割を担っているため、来るべき未来に対する優れた洞察力も発揮しなければならない。

また不透明・不確実な環境下で、難しい意思決定を迫られる役割であるため、決定するための「意思」を養う修養を積まなければならないのだ。

次に、職務給人材が、何よりリバイズしておかなければならないのは、職種の「専門性」だ。この専門性については、当該分野の専門コンサルタントレベルが求められる。そのレベルを維持していくためには、外部との交流は不可欠であるし、自らの存在価値を企業に示しておく必要がある。

欧米企業にも先任権という年功序列的な要素が少なからずあり、在籍年数が長くなればなるほど、簡単には転職していかないが、当該人材は少なくとも、転職市場で相応の価値が認められる人材でなければならない。

なぜなら、当該人材は役割給人材に比べ、市場価値とは裏腹に代替難易度は低いため、リストラの対象になりやすい。そのため、転職エージェントとのつきあいも必須であると言える。

ちなみに筆者は、ある時からこちらの人材タイプを目指し、ついには独立していまがある。こちらの人材タイプをお勧めするのは、企業のしがらみなどにとらわれず、自由に仕事がしたい、専門性を極めたい職人肌の企業人だ。

なお、この人材タイプは、専門性と希少性の掛け合わせでも、市場価値に差が出てくるだろう。したがって、自分の専門性を常に見直し、必要であれば再定義することで、一番高く売れる企業や立場に身を置くべきだ。

第6章

残業できない時代をどう生きるか?

SCENE 9

かくしてガラパゴス課長は生まれた

矢島は、新人の西村が地味で単調な作業を極度に嫌い、引き受けたがらないのが気になったので、一度彼と率直に話し合ってみた。

「西村さんの不利益になるようなことは何もないから、本音で話してほしい」と言うと、西村は「地味で単調な作業ばかりでは、自分がこの会社で成長できないと思う」と話した。

「特に会議の議事録をまとめるのが嫌いです。まったく意味を感じません」

矢島は彼の話を聞きながら、人事コンサルタント・荒井と交わした雑談を思い出した。

「議事録には、コンサルタントが備えるべき基礎能力のエッセンスが、すべて詰まっている」

矢島はそのことを西村に話した。西村は就活時にコンサルティング業界も回っていたそうなので、興味をもったようだ。

「それはどうしてですか？」

「完璧な議事録が書けるってことは、相手の言わんとすることやその背景をすべて理解しているということだし、議事が検討に留まったのか、意思決定にいたったのか、次回までに何をすればよいのかを、的確に把握しているということだから。それに実際に話したことをそのまま書いた議事録は読めたものではないから、誰が見ても分かりやすいように整理する必要があるしね」

「そんなこと考えたこともありませんでした。はじめて知りました」

「それに、理解が曖昧な議事に関しては、集中的に確認したり、調べたりすれば、自分の実務能力を高めるための最短・最速の学びになる」

「でも、議事録にも2種類ありますよね。社外に提出するようなオフィシャルな議事録と、単なる社内の打ち合わせメモと」

「では、西村さんには社外に提出する議事録に集中してもらって、社内の打ち合わせメモの作成は、私も含めた他のメンバーで分担することにします」

「いいんですか？　新人はまず雑用をするのが基本なんじゃ——」

「そんな雑用、私がやります。西村さんが成長して、ますます活躍している姿を見たいからね」

後日、会社は新年度を迎えた。

『矢島 光太郎 殿
貴方を令和3年4月1日付をもって人事部 部長に任命します。
株式会社AHSI　代表取締役社長・森田充三』

経営企画部の山本は、矢島の部長昇進を知り、絶望した。

結局、山本の提案した中期経営計画は、そのほとんどが絵に描いた餅、現実味に欠けるということで否決された。結果、戦略コンサルティング会社につぎ込んだ巨額のフィーをどぶに捨てることになり、その責任をとって副社長は相談役に退き、経営企画部長は関連会社に飛ばされたのだ。

なお、これは後に矢島人事部長も知ることとなるのだが、どうやら副社長と経営企画部長は、戦略コンサルタントから接待攻勢を受けていたそうだ。

だが、山本担当課長は、彼らの違反行為になにひとつ気づいていなかった。

いずれにせよ、この時を境に山本はガラパゴス化していった。

その後も外部のコンサルティング会社やＩＴベンダーなどと協業して、社内の変革を進めることはあったが、山本は常にこんな姿勢をとった。

「その事例や提案は、他社では通用するだろうがわが社には合わない、もしくは難しい。うちは特別だから。特殊だから」

そうして、あたかも自分が彼らの最重要人物であるかのように振る舞い、外部を疲弊させ、そして、社内政治に没頭するようになったのである。

真の業務削減のために具体的に何をするか

日本企業・日本人の働き方について、筆者は不可思議に思うことがいくつかある。

その一つは、現場で働き方改革の旗を振らなければならない課長レベルが、自社の決算書を読みこなせていないことだ。働き方改革と決算書の接点が見えない、そう考える読者もいるかもしれない。だが、そのような読者は、すでに働き方改革の目的と方向性を見失っている。

営利組織であれば、どの企業も決算書の内容を良くすることは、最重要課題であるはずだ。しかしながら、日本企業の課長レベルに「あなたの課は決算書のどの勘定科目に、どのようなインパクトを与えていますか?」と質問しても、沈黙してしまうことが少なくない。

決算書が読めなければ、自社の儲けの仕組みも目指すべき方向性も分からないし、なぜ本来であれば連携すべき営業部門と製造部門が、会議の場でいがみ合うのかも分からない。

分からなければ自部門や職場で最優先すべきインパクトのある仕事、そうでもない仕事、

図18　財務の視点で職場を変える

バランス・スコア・カード　4つの視点

バランス・スコア・カードは、1990年代初頭に
ハーバードビジネススクールのロバート・S・キャプラン教授と
戦略系コンサルタントのデビッド・P・ノートン氏が開発をはじめ、
経営管理手法として現在進行形で変化している。

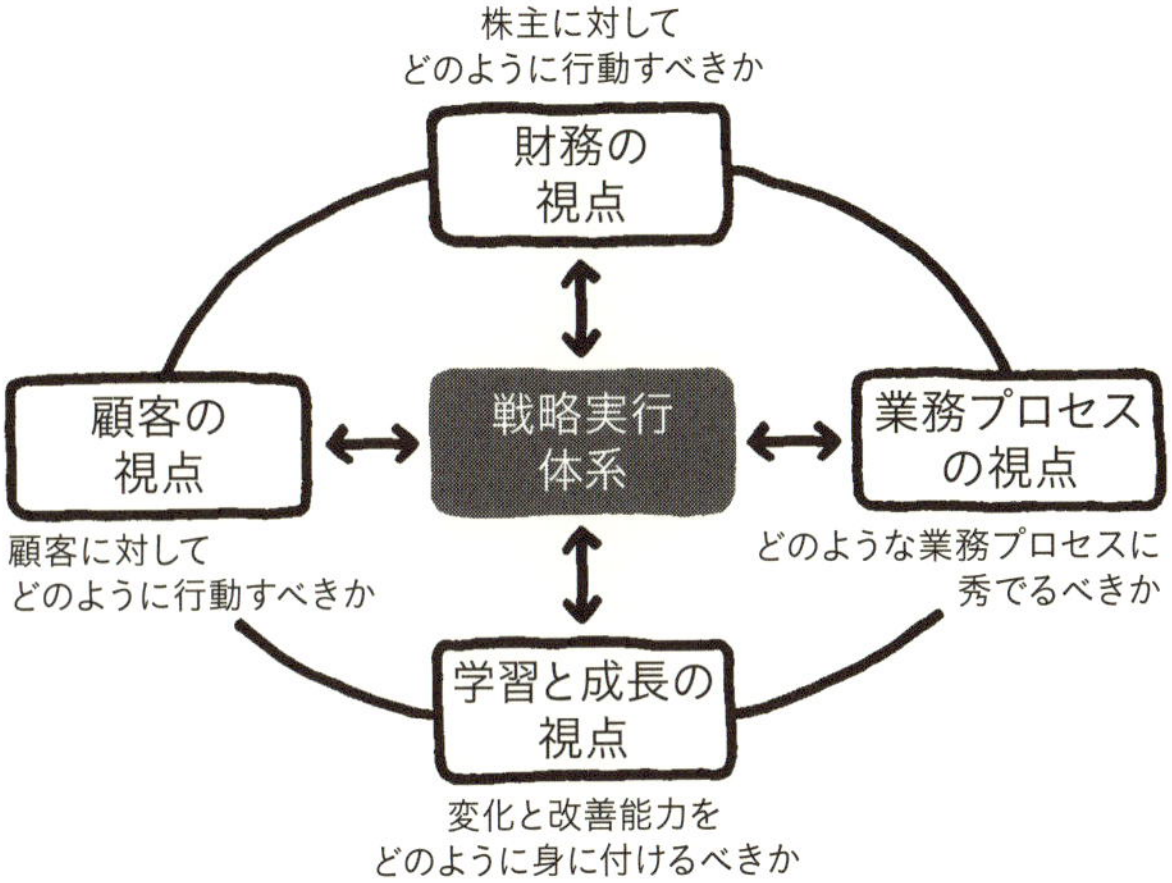

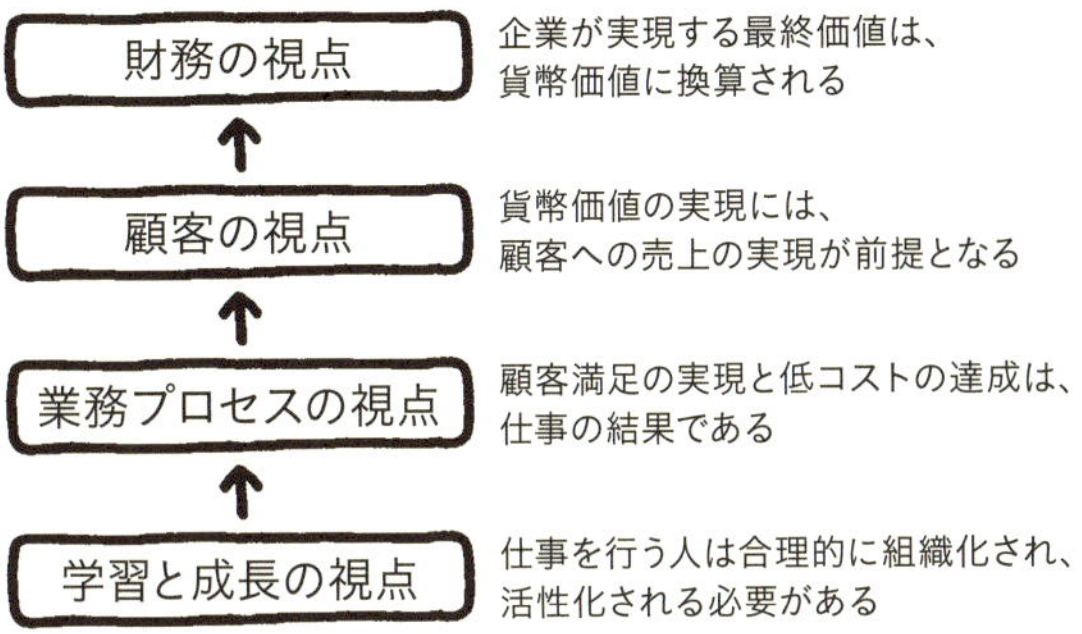

実はやらなくてもよい仕事を判別することもできないのだ。

だが、これからの課長は、やるべき仕事、やる必要のない仕事の線引きを明快にし、部下に提示することが求められる。要は「この仕事は、部下に残業させ、販管費を膨らませてまで成すべきことなのか？」という問いに、答え続けなければならない。

そしてもう一つ。

財務の視点を職場に展開する際に、たとえばバランス・スコア・カードというツールを用いてもよい（図18・19）。バランス・スコア・カードは、１９９０年代初頭にハーバードビジネススクールのロバート・S・キャプラン教授と戦略系コンサルタントのデビッド・P・ノートン氏が開発をはじめ、経営管理手法として現在進行形で変化している。ちなみにこの手法が紹介された当時は、上場企業を中心にこぞって採用されたが、その後あまり定着しなかった感もある。

そもそもこの手法は、短期的な業績へのプレッシャーが強すぎるアメリカの企業に対して、株主の長期的な利益を守るために開発されたものだ。これに対して多くの日本企業は、比較的長期的な展望で経営をしてきたから、本来であれば「何をいまさら」となるはずなの

図 19 バランス・スコア・カードを現場でどう活かすか

BSCの展開 戦略マップ例

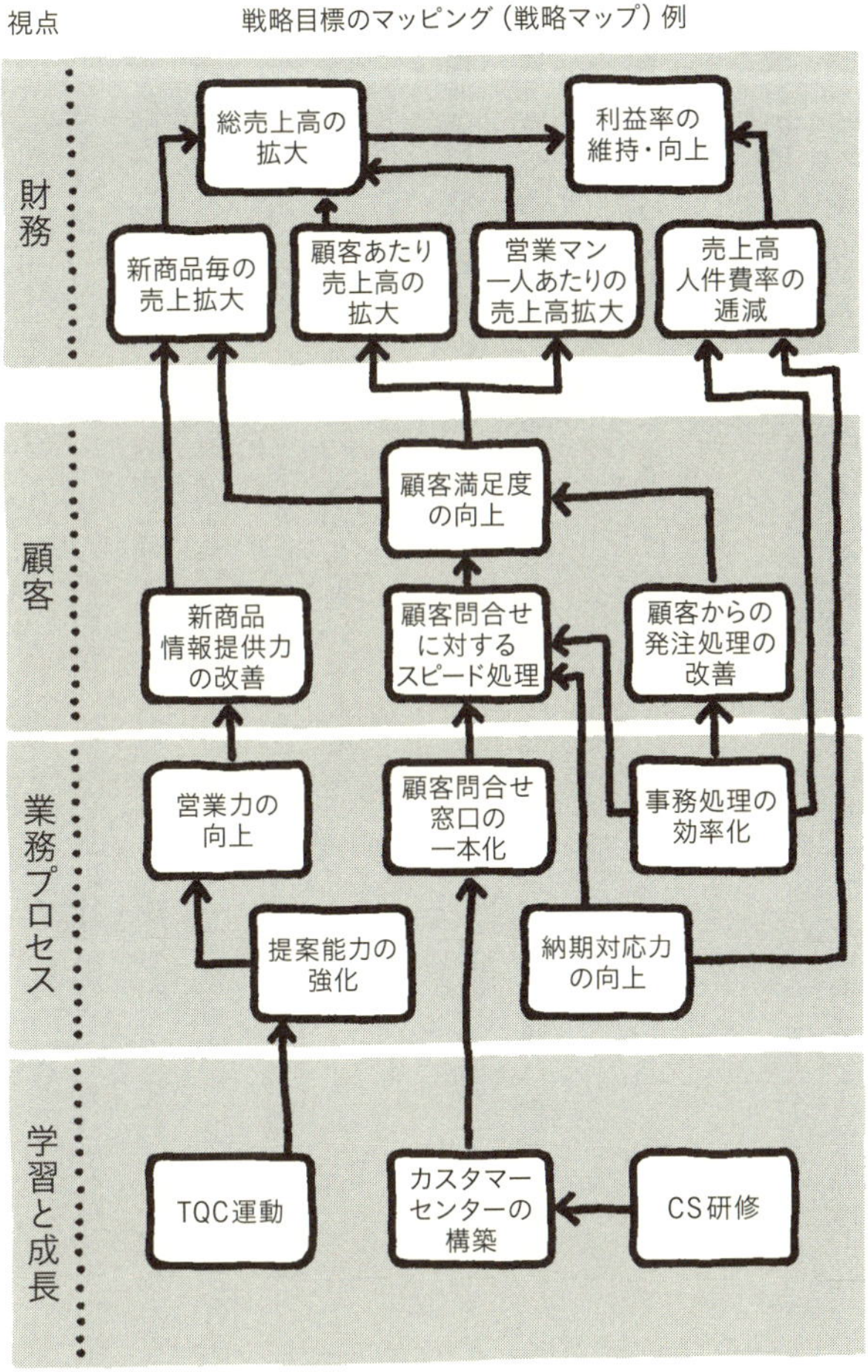

だが、結果として、一度はありがたく受け取るカタチになった。

そのバランス・スコア・カードが、またにわかに注目を集めはじめている。それは先に紹介した厚生労働省の調査などとも関係しているようだ。厚生労働省の「今後の雇用政策の実施に向けた現状分析に関する調査研究事業報告書」によれば、「従業員満足度」と「顧客満足度」の両方を重視する経営、そのための雇用管理改善の取り組みが、従業員の意欲・生産性向上や、業績向上・人材確保 につながるというものだ。

雇用管理改善の取り組み

「学習と成長の視点」➡「業務プロセスの視点」➡「顧客の視点」➡「財務の視点」

だが、一方で逆のフローも忘れてはいけないと筆者は考える。

働き方改革の取り組み

「財務の視点」➡「顧客の視点」➡「業務プロセスの視点」➡「学習と成長の視点」

「決算書をより良くするために、職場でやるべきこと、やるべきでないこと」を大枠で摑んでおき、日常業務の判断基準とする、これが働き方改革にとって必要なのである。そのような歯止め、基準がなければ日本企業、日本人はややもすると際限なく仕事を増やし続けるだろう。

さらにもう一つ。

日本企業の製造現場では、原価低減のため、それこそ血がにじむようなカイゼン努力が積み重ねられてきた。しかしながら、オフィスワーカーは、管理職レベルでも職場の業務改善手法を知らないことが多い。したがって、今後少なくとも課長クラスは、業務改善や会議体改善の視点や手法を学んでおくべきであるし、それらにかかる情報も収集しておかなければならない。

実際、どの職場でも、次のような業務上のムリ、ムダ、ムラが生じているのではないだろうか（図20）。

図 20　職場のムリ、ムダはどこにある?

業務効率改善機会

●業務改善の視点と手順

たとえば、このようなムリ、ムダ、ムラに対して、業務改善のフレームワーク「ＥＣＲＳ」を当てはめてみることをお勧めする。

Eliminate（排除）：既存業務の何かを取り除くことはできないか？
Combine（結合と分離）：類似の業務を一つにまとめるか、異なる業務を分けられないか？
Rearrange（入れ替えと代替）：業務の順序・やり方を変更することはできないか？
Simplify（簡素化）：業務を単純にすることはできないか？

またその前段階で、管理会計の手法を用いて、業務のムダを可視化してもよいだろう。

具体的には、ＡＢＣ（Activity Based Costing：活動基準原価計算）またはＡＢＭ（Activity Based Management：活動基準管理）の手法を用いて、どの業務にどれだけのコストがかかっているのか、付加価値を出している業務は何で、そうでない業務は何か、改善効果の高い業務は何かを明らかにした上で、ＥＣＲＳのフレームワークを当てはめてみてもよい。

通常、業務改善コンサルタントは、業務のムダ取り効果を30％と見込んでいるから、これを目安として取り組んでみてはどうだろうか。

無駄な会議をしている会社にこそ伸びしろがある

また、前述したように会議体についてもこのような調査結果がある。

●会議に費やされる時間（業務時間に占める割合）

再掲

一般オフィスワーカー：20～30％（※）

マネジャークラス：60～80％

出典：山崎将志著『会議の教科書――強い企業の基本の「型」を盗む！』ソフトバンク・クリエイティブ

このように、企業人が会議に費やす時間は長い。そのわりには生産的ではなかったり、企業研修などで「正直、この会議、無駄なのでは？ と疑ってしまうような会合がある」と答える受講者は少なくない。

ということは、会議の生産性や創造性を高める取り組みをしている企業に学ぶところが多い、伸びしろが大きいということである。

たとえば、「15分単位で立ったまま会議をする」ということを、ルール化している会社もある。他にもＧＡＦＡ（Google, Apple, Facebook, Amazon の頭文字をとった造語）やトヨタ自動車、日産自動車など、会議の目的を限りなく追求したルールを設けている会社もあるのだ。

仮に読者が、職場の働き方改革責任者として、業務削減目標を掲げるとするならば、職場を見て目標を立ててはいけない。目標とは、いまある状態が別の状態に移行することであるし、目標を掲げる前とこれを達成した後の状態ギャップが大きいほど、業務削減効果は高いと言える。

だが、あるべき状態をいまの職場に見出すことはできないのだ。だからこそ、あるべき状態にかかる情報は外に見出さなければならない。

そういう意味でも、内向きな管理職はいらないのだ。

SCENE 10 職務給人材か役割給人材か

矢島は人事面談で、喜多川が「『職務給人材』になりたい」ことを知った。

矢島は彼女の選択を意外に感じた。彼女は周囲との関わり方がうまく、「役割給人材」として職場をまとめていく力量もあるし、本人もそう望んでいると思ったからだ。

「私は、人材教育という分野で、講師や人事コンサルティングをやってみたいんです。

うちのＯＦＦ－ＪＴで社外講師から影響を受けたこともあると思うんですけどね。それで、副業の申請をしたいと思いました」

矢島はニコッと笑って「そうですか」と頷いた。

当社は、数年前から社員の副業を認めるようになったが、事前申請は義務づけられていた。

「反対されないんですか？」

「どうして？」

「部の業務に支障が出るとか、いろいろと反対される理由はあるかと思います。実際、私の友人も上司から反対されたと愚痴をこぼしていましたよ。でも私は、矢島さんは反対しないし、私の選択を応援してくれると思っていました」

「まあ、どちらの人材タイプを選択するかは、個人の自由だし、それに仮に『役割給人材』を選択したとしても、突き詰めればそれはプロフェッショナル人材ということだからね。私の前任の旭川さん（現執行役員）もその後、コース転換して独立されたからね。最近飲みましたけど、忙しくて首が回らないくらい、企業研修やコンサルティングで引っ張りだこらしいですよ。来年には本の出版も予定されているそうです」

「矢島さん、なんで私も呼んでくれないんですか？　ひどいじゃないですか！　私も旭川さんのお話聞きたいです！」

「すみません、次回、次回ね」

矢島は、喜多川のやや強い剣幕に押されて頭をかいた。

副業、ダブルワークという道もある

これからの日本企業は、たとえば武田薬品工業のように、社員の外国人比率が9割という会社も増えてくるだろう。そうすると、少なくとも一般社員レベルでは、職務給による人事管理が当たり前となる。

そして、勤め先に関する会話も、「いまはこの会社に勤めています」または「この会社との取引割合は大きいです、小さいです」という風に変わっていくだろう。そうすれば、現在労働基準監督署に寄せられる相談件数トップのパワハラ問題などは、自ずと沈静化していくはずだ。

これからは、いま一緒に働くメンバーとまたどこで、どういう巡り合わせで関わることになるか分からない、そんな働き方が当たり前になる。生涯キャリアにおいて、いまの部下は別の巡り合わせでは顧客になるかもしれない、仕事の発注者になるかもしれない、そういう認識をもてば、悪質なパワハラ行為が、生涯にわたって自身にもたらす損失とその大きさを理解することができるだろう。

家族との時間、家庭での役割分担を見直す

これからは、家族という社会生活の単位も位置づけも変わってくるだろう。しかしながら、人が相応の高等動物である限り、我が子が可愛いという認識について、大きな齟齬《そご》はないと思いたい。

たった30年前「24時間戦えますか?」の時代にも、子供ともっと一緒に過ごしたかったと回顧する先輩も少なからずいたはずなのだ。

だが、時代や環境がそれを許さなかった。そうして時は経ち、マタハラ（マタニティー・ハラスメントの略。働く女性が妊娠・出産をきっかけに、職場で嫌がらせや不当な扱いを受けること）はもちろん、パタハラ（パタニティー・ハラスメントの略。育児に積極的に協力しようとする男性に対する嫌がらせや不当な扱い）など、理解できなくなってしまったのである。

だが、これからの社員は、職場の嫌がらせに寛容さを示したり、上司のうっかり発言の意図を忖度することもない。ただ、権利の侵害を訴えるだけだ。

ちなみに、シニア世代の多くは、一見子育てに寛容な態度を示す。そしてこんな風に言うのだ。「うちは3人育てたから、子育てのことくらい分かっている」と。

正直、その認識でいると危ない。シニア世代の子育てといまどき世代の子育てでは、環境も状況も違う。そもそも、シニア世代の男性パートナーは、外で24時間戦っていたはずであり、家になどほとんどいなかったはずだ。

シニア世代の部課長に「『37度5分』問題をご存じですか？」と質問しても、その多くが「知っている」と答えられない。それは、自ら忙しい職場を抜け出して、熱を出した我が子を保育園に迎えに行ったことがないからである。

そういうシニア世代の一部が、育児を分担するために残業を避けたい、休日出勤を避けたいという部下に不適切な発言をする。

だがこれからは、生涯キャリアを自己管理していく上で、自分の時間をどう使うのか、誰のために使うか、このことを他に流されず、自律的に選択しなければならない。

自分の限りある時間を家族のために使うのか、それとも企業のために使うのか――。

SCENE 11　他者を排除する人、しない人

ある日、矢島は社長室に呼ばれた。

ちょうど矢島は、当社がＳＤＧｓにどう関わっていくか、その構想を練っていたとこ

ろだった。

SDGs（Sustainable Development Goals の略）とは、2015年9月の国連サミットで採択された「持続可能な開発のための2030アジェンダ」に記載された2016年から2030年までの国際目標である。

この目標は、持続可能な世界を実現するための17のゴール・169のターゲットから構成され、地球上の誰一人として取り残さないことを誓っている。

SDGsは発展途上国だけでなく、先進国が取り組むユニバーサル（普遍的）なものであり、日本も積極的に取り組んでいる。

日本の名だたる企業の中には、SDGsを実現することこそが、経営ビジョンであるし、その追求なくして企業の永続はないと公言する動きもある。

ちなみに、SDGsにもとづく日本の取り組みとは次のようなことだ（図21）。

矢島が社長室のドアをノックすると、森田の声が聞こえ、すぐ室内に通された。

そして、応接ソファーに座るよう森田に促され向き合うと、森田は何の前置きもなく

図21 SDGsってどういうこと？

持続可能な開発目標（SDGs）の詳細

目標❶ **貧困** あらゆる場所あらゆる形態の貧困を終わらせる。

目標❷ **飢餓** 飢餓を終わらせ、食料安全保障及び栄養の改善を実現し、持続可能な農業を促進する。

目標❸ **保健** あらゆる年齢のすべての人々の健康的な生活を確保し、福祉を促進する。

目標❹ **教育** すべての人に包摂的かつ公正な質の高い教育を確保し、生涯学習の機会を促進する。

目標❺ **ジェンダー** ジェンダー平等を達成し、すべての女性及び女児の能力強化を行う。

目標❻ **水・衛生** すべての人々の水と衛生の利用可能性と持続可能な管理を確保する。

目標❼ **エネルギー** すべての人々の、安価かつ信頼できる持続可能な近代的なエネルギーへのアクセスを確保する。

目標❽ **経済成長と雇用** 包摂的かつ持続可能な経済成長及びすべての人々の完全かつ生産的な雇用と働きがいのある人間らしい雇用（ディーセント・ワーク）を促進する。

目標❾ **インフラ、産業化、イノベーション**
強靭（レジリエント）なインフラ構築、包摂的かつ持続可能な産業化の促進及びイノベーションの推進を図る。

目標❿ **不平等** 国内及び各国家間の不平等を是正する。

目標⓫ **持続可能な都市** 包摂的で安全かつ強靭（レジリエント）で持続可能な都市及び人間居住を実現する。

目標⓬ **持続可能な消費と生産** 持続可能な消費生産形態を確保する。

目標⓭ **気候変動**
気候変動及びその影響を軽減するための緊急対策を講じる。

目標⓮ **海洋資源** 持続可能な開発のために、海洋・海洋資源を保全し、持続可能な形で利用する。

目標⓯ **陸上資源** 陸域生態系の保護、回復、持続可能な利用の推進、持続可能な森林の経営、砂漠化への対処ならびに土地の劣化の阻止・回復及び生物多様性の損失を阻止する。

目標⓰ **平和** 持続可能な開発のための平和で包摂的な社会を促進し、すべての人々に司法へのアクセスを提供し、あらゆるレベルにおいて効果的で説明責任のある包摂的な制度を構築する。

目標⓱ **実施手段** 持続可能な開発のための実施手段を強化し、グローバル・パートナーシップを活性化する。

出所：外務省国際協力局『持続可能な開発のための2030アジェンダと日本の取組』

こう言った。

「矢島さん、あなたにとって徳とはなんですか？」

さん付け運動は、社内ですっかり定着していた。矢島は森田の率直な問いにしばらく沈黙し、そして答えた。

「それは……私には分かりません。ただ『現代版の徳』とは何かを常に問いかけ、誰とも話し合うようにしています」

森田はしばらく矢島の顔を見ていたが、やがて満足したように笑った。

「そうだね。現代版の徳など、それは雲を摑むような話だし、拙速に答えなど出せるものではないはずだ。ふむ、これで私のテストは終了しました。いま、もし矢島さんが、私の問いに持論を展開していたら、私はあなたを次の社長には選ばなかっただろう。自分の信じるところは確かに必要だが、それこそが他者を排除するコアビリーフになりかねないからね」

矢島は森田の言葉に居住まいを正した。

「一部の企業がSDGsに真剣に取り組むようになった。そんな時代だが、一方で人の欲望は消えない。いや、AI時代に人の欲は、ますます肥大していくばかりだろう。その先に待っているのは、格差を前提とした差別だ。

だが、格差や階級を前提とする社会では、既得権益者はその是非を問わない。そうではない社会でしか、その是非を問うことができないのだ。

差別や区別とは、果たして人類の求める真実なのか、そして良くも悪くも、歴史を積み重ねてきた我々が選び取るべき善なのか、そしてそんな選択が美しいのか……、安易なグローバル化に迎合することなく、考えたいものだよね」

SCENE 12

現代版の徳、その原点はどこにあるのか

矢島は社長に内定した。

その本人は、いま山口県萩市にいる。

目的は、松下村塾を訪れるためだった。彼は特段歴史が好きなわけでも、吉田松陰を特に尊敬していたわけでもなかった。

ただ先日、人事コンサルタント・荒井に社長への内定を報告した際に、「近現代において最も高い教育効果を残した人物は誰か？」という話になった。その時に荒井が口にしたのが吉田松陰だったのである。

矢島は、翌日に松下村塾を訪れる計画を立て、萩市内に宿をとった。夕食の後、家族や秘書室のメンバーに挨拶がてら手土産でもと思い、土産物コーナーに足を運んだ。そこで皆が喜びそうな土産物を物色していると、吉田松陰に関する書籍コーナーが目に止まったので、近づいていき、読み応えがありそうな一冊を手にとった。

はじめに

アメリカ合衆国のペリー艦隊が三浦半島の浦賀沖にやってきたのは、嘉永六年（一八五三）六月のことだった。鎖国の眠りを揺り起こされた日本は、それから近代のあゆみをはじめるのだが、新しい時代の夜明けをむかえるまでには、国内の対立抗争や外国からの圧力など激しい嵐が吹きすさんだ。

黒船来航から数年後、長州藩の萩城下に近い松本村にあった松下村塾に百人たらずの若者があつまり、吉田松陰という学者のもとで勉学にはげんだ。その塾舎は物置小屋を改造した粗末なもので、教育期間もわずか一年ばかりだったが、ここから久坂玄瑞・高杉晋作・伊藤博文・山県有朋をはじめ、やがて日本史を展開させるおおぜいの歴史的人物が巣立った。

明治維新のさきがけの役割をはたした一人の先覚者と、若者たちの生きざまをとおして、歴史とはこのようにつくられていくのだということを読みとってもらいいたい、それがこの本の願いである。

古川　薫

出典：古川　薫著『松下村塾と吉田松陰 維新史を走った若者たち』
新日本教育図書　はじめに

矢島は、「教育期間もわずか一年ばかり――」というくだりに心底驚いた。たった一年たらずの教育で、二人の内閣総理大臣、多数の国務大臣、大学の創設者など、後に日本の近代化を牽引する人材を輩出するに至るのか。

そして吉田松陰は、身分の隔てなく塾生を受け入れた。そこには武士の子だけでなく、町民や農民の子もいた。当時の長州藩校・明倫館では、武士の子しか入学することができなかったことを考えると画期的である。

そして翌日。

山口県萩市椿東、当時の地名・松本村から塾名をつけた松下村塾は、日本のどこにでも広がる田舎の風景の中にあった。また建物は、お世辞にも立派とは言えない粗末な小舎だった。

だが、吉田松陰は、この地で塾を主宰するにあたり、「華夷《かい》の弁《べん》」を明らかにした。

華夷の弁とは、中国が世界の中心（これを中華思想という）で、日本を含めた周辺の異民族を夷狄《いてき》として卑しんだことに対する抗弁である。

つまり、松本村が辺鄙な土地であろうとも、劣等感をもつ必要などなく、その場で励めば、そこが「華」だということなのだ。

「華夷の弁」とは、松本村という寒村にただよう辺境の劣等感を克服して、そこにすぐれた文化環境を築きあげようとする高い決意にほかならなかった。

松下村塾が天下を奮発振動させる奇傑の根拠地になるだろうという松陰の絶大な自信

と期待にあふれたこの予言は、彼の死後において現実のものとなったのである。

出典：古川　薫著『松下村塾と吉田松陰――維新史を走った若者たち』
新日本教育図書　P.１０３

矢島は終日、宿泊先で買った松陰にまつわる何冊かの本を携え、かつての松本村を歩いた。

そして考え続けた。時代が変われども変わらないものは何か、何が進歩して、何が危機的な状況に直面しているのか。

そして、何より経営者として守り抜かなければならない「現代版の徳」とはなにか――。

日本の企業人にとって、おそらくその答えは、やはり日本にあるはずなのだ。

エピローグ「働く技術」
——日本の組織ならではの強みを活かしつつ新しいステージへ

筆者は、3年前リストラの憂き目にあっていた友人・課長（現、部長）にあらためて問うた。

再掲
——企業人に求められる資質、いま振り返って？
「不運にへそを曲げてしまったら、課長にすらなれなかった。曲げても何も良いことはないから。会社で8時間過ごすわけだから——。
とにかく面倒くさいことを進んで、腹を括ってやった。たとえば全体集会の時に、マイクの調子が悪かったとする。その時、自分は直しにかかった。もちろん、後ろでふんぞり返っている同僚もいた。

他にも、職場で何か困ったことがあった時や、厄介な相談を持ちかけられた時に、逃げなかった」

彼は、頭の片隅でまたリストラを告げられるかもしれないと思いながら、仕事をしていた。

彼の上司は、そんな彼の一体なにを見ていたのだろうか?

日本の企業人、我々の先達は次世代に「徳」を問うてきたし、今回我が友人が経験した不遇からの飛躍、これひとつをとっても、一部の誇り高い企業では、変転する環境、そして混乱の中で、現代版の徳を友人に問うたのだ。

そして彼は、自らの置かれた不安定な立場、その認識の中で問いに答えつづけた。ただ、ひたすらに。

そして、彼は部長になった。

なお、これからのキャリアは、徳の答えも企業に与えられるものではなくて、あくまでも個人が生涯にわたり、修養しなければならないと考えるのが妥当であろう。

その厳しさと冒険こそが、生涯キャリアの自己管理なのだ。

ただし、これからＡＩと人類が仕事を分け合う時代、徳の価値は上がる一方で、決して下がることはないはずだ。

だからこそ、ＭＢＡ的な知性の観点から見ても、大いに研鑽する価値があると筆者は考えている。

あとがき

今回の執筆にあたり困ったことがあった。

それは「徳」というものを、このビジネス書で書く必要に迫られたことだ。しかしながら、筆者は徳というものを知らない。現代版の徳などというものは、もっと知らない。だが、変転する経営環境、ビジネスはどうやら企業人に徳を問うているし、誇り高い企業はその問いに答えられる人材を引き上げていく。その事実、といっても差し支えのない複数事例を目の当たりにして、「現代版の徳」を差し込まずには話が進まなくなったのだ。

では、あらためて「現代版の徳」とはなんだろうか?

それは「誰が言ったのか」はもちろん、「なぜそう言えるのか」にも答えられなければばならない、まさしく現代の論証に耐え得る「徳」なのだ。

この極めてやっかいな問いに結論はないだろうが、筆者としては引き続き、課長の生態とともに追いかけたいテーマである。

最後に、この度の執筆にあたっても、日本経済新聞出版社・長澤香絵氏には厚く御礼申し上げたい。

そして、6歳のわが子、陽稀が成人する頃にも、世界で変わらぬ存在感を誇る日本と日本企業がそこにあることを願ってやまない。

2019年7月

新井健一

新井健一　あらい・けんいち

経営コンサルタント、アジア・ひと・しくみ研究所代表取締役。1972年神奈川県生まれ。早稲田大学政治経済学部卒業後、大手重機械メーカー、アーサー・アンダーセン（現KPMG）、同ビジネススクール責任者、医療・IT系ベンチャー企業役員を経て独立。経営人事コンサルティングから次世代リーダーの養成までコンサルティング・セミナーを展開。ダイヤモンド・オンライン等ビジネス・経済雑誌への寄稿、出版実績多数。著書に、『いらない課長、すごい課長』『いらない部下、かわいい部下』『「もう、できちゃったの!?」と周囲も驚く！　先まわり仕事術』等。

日経プレミアシリーズ｜407

働《はたら》かない技術《ぎじゅつ》

二〇一九年八月八日　一刷

著者　新井健一

発行者　金子 豊

発行所　日本経済新聞出版社
https://www.nikkeibook.com/
東京都千代田区大手町一―三―七　〒一〇〇―八〇六六
電話（〇三）三二七〇―〇二五一（代）

装幀　ベターデイズ

組版　マーリンクレイン

印刷・製本　凸版印刷株式会社

ISBN 978-4-532-26407-9　Printed in Japan

日経プレミアシリーズ 300

いらない課長、すごい課長

新井健一

職場の価値観が多様化する今、リストラ対象になる「いらない課長」と、人材価値の高い「プロフェッショナル課長」の差が歴然とつきはじめている。数々の事例を知る人事コンサルタントが、コミュニケーション術、リーダーシップ術、会計知識など多方向から、30〜40代の武器となる「課長スキル」を磨く具体的手法を授ける。

日経プレミアシリーズ 338

いらない部下、かわいい部下

新井健一

頭脳明晰で仕事ができる、太鼓持ちがうまい、機転抜群で空気が読める——こうした人材こそ、陰で「いらない部下」の烙印を押されているかもしれない？ 職場のありかたが大きく変化するいまの時代に求められる「部下力」とはどのようなものか分析し、これからの働き方を見越した上司—部下関係の築き方について提案する。

日経プレミアシリーズ 334

しくじる会社の法則

高嶋健夫

「社長がメディアで持ち上げられ出すと危険信号」「凋落のシグナルは、バックヤードに現れる」「ビル清掃員やタクシー運転手の評価は鉄板」……30有余年にわたり企業を取材してきたベテランジャーナリストが、豊富な経験から「しくじる会社」と「伸びる会社」を見分ける方法をシンプルに解き明かします。